新时期高校财务管理问题研究

张远康 著

天津出版传媒集团
天津科学技术出版社

图书在版编目（CIP）数据

新时期高校财务管理问题研究 / 张远康著. -- 天津：天津科学技术出版社，2019.5
ISBN 978-7-5576-6704-7

Ⅰ. ①新… Ⅱ. ①张… Ⅲ. ①高等学校－财务管理－研究－中国 Ⅳ. ①G647.5

中国版本图书馆 CIP 数据核字(2019)第 129041 号

新时期高校财务管理问题研究
XINSHIQI GAOXIAO CAIWU GUANLI WENTI YANJIU
责任编辑：王　冬
责任印制：兰　毅
出　　版：天津出版传媒集团
　　　　　天津科学技术出版社
地　　址：天津市西康路 35 号
邮　　编：300051
电　　话：（022）23332397
网　　址：www.tjkjcbs.com.cn
发　　行：新华书店经销
印　　刷：济南大地图文快印有限公司

开本 787×1092 1/16　印张 12.625　字数 200 000
2019 年 5 月第 1 版　2022 年 8 月第 2 次印刷
定价：48.00

前言

新形势下，随着我国加快发展高等教育战略决策的全面实施，高校招生规模的不断扩大，在校生人数连续几年大幅度攀升。高等教育的快速发展，给高校带来机遇的同时也带来了挑战，高校按照过去的模式运转，单靠政府拨款显然无法满足需要，高校投入资金多元化的格局已经形成。高校经费使用通常被纳入国家预算管理范围之内，随着我国市场经济的建立和加快发展，以财政拨款为主的高校财务管理体制，正发生着重大改变。

鉴于此，市场经济条件下，高校财务管理的理财职能应更着重于筹集资金、开源节支、科学预算等方面，高校财务管理人员已不能再只做简单的事后记账、算账、报账等事务性工作，而应借鉴企业财务管理新观念，成为能从事预算、参与管理、实施控制监督的有经营头脑的理财专家。

总之，知识经济的变革，使得高校财务管理工作要在做好传统的计账、算账、报账等工作的同时，做好学校财务预测、控制、分析和管理等各项工作，把工作重点转移到以提高资金使用效率、开拓资金来源、提高办学效益上来，保证和促进教学科研工作的顺利发展，因此研究新时期高校财务管理问题具有非常重要的实际意义。

本书对新时期高校财务管理问题进行了较为深入且全面的研究，编写力求完整，深入浅出。本书参阅引用了大量参考文献，对其作者致以真诚的谢意。由于作者水平有限，加之撰写时间仓促，书中不妥之处在所难免，敬请读者批评指正。

作者

2019 年 3 月

目　录

第一章　绪论

第一节　高校财务管理模式研究

一、高校财务管理模式

（一）高校财务管理模式定义

企业财务管理模式是遵照国家政策和法律，根据企业的性质和目标要求，为企业财务管理应遵循的规范和运行所规定的管理形式。模式明确企业在财务管理上应承担的经济责任，赋予其相适应的自主权和应享有的经济利益。责权利的结合方式和程度因企业的不同经济性质以及地域和时间而有所差别。在中国社会主义条件下，企业财务管理机制的模式经历了集权模式、分权模式和自主模式。

按照上面的定义，高校财务管理模式就是遵照国家政策和法律，根据高校的性质和目标要求，高校财务管理应遵循的规范和为其运行所规定的管理形式。高校财务管理模式在不同的历史阶段，应与当时的经济、文化发展情况相适应，与学校的发展阶段相配合，也应有不同程度的“集权”与“分权”模式。

（二）高校财务管理模式分类

高校财务管理模式的选择是“集中”与“分权”的权衡。在 20 世纪 90 年代以前的计划经济时期，主要表现为高度集中的财务管理模式；20 世纪 90 年代以后，各高校主要选择偏集中的财务管理模式、偏分权的财务管理模式或完全分权的财务管理模式。

1．计划经济下高度集中的财务管理模式

（1）高度集中财务管理模式的含义。高度集中的财务管理模式是指财务权利高度集中，学校所有资金全部由校长、财务负责人统一管理的财务管理模式。在 20 世纪 90 年代以前，几乎全部高校都采用高度集中的财务管理模式。那时政府是高等教育投资的唯一主体，高校的经费来源主要是财政拨款，经费的使用也完全按照政府指定的用途办理，所有的运行规则均由政府制定，高校没有自主发展的权利，只是完成政府任务而已。在高度集中的财务管理模式下，学校设置一级财务机构，除一级财务部门外不设其他财务机构；所有结算业务必须通过一级财务机构，统一领拨各项经费，统一编制学校综合财务收支计划，统一核算预算外各种创收及制定创收的分配比例；学校有统一的财务制度，各院系没有制定本部门财务规章制度和实施办法的权力。

（2）高度集中财务管理模式的特点。高度集中的财务管理模式与计划经济体制相适应，便于集中全校财力物力、统筹资金、统一目标，促进学校发展；同时也存在管得过多、过死，缺乏激励、不利于调动校内单位积极性的缺点。在这种模式下，高校缺乏财务管理的积极性、主动性和创造性，既无财务自主权，也没有理财空间，财务制度也不健全，高校成为国家教育投资的被动使用者。20 世纪 90 年代市场经济体制建立后，只有很少高校采用高度集中的财务管理模式。

2．市场经济下的财务管理模式阶段

20 世纪 90 年代后，随着市场经济体制的建立、高等教育体制改革的深化以及高校独立法人主体地位的确立，高校成为面向社会自我筹资、自我发展、自我约束的独立主体。高校经费来源已不再局限于政府拨款，还包括学生交纳的学杂费，社会团体、企业、个人的赞助，以及学校二级单位向社会提供服务收取的各种费用等。在这种情况下，继续采用高度集中的财务管理模式显然已不能适应高校发展的形势需要，建立与市场经济相适应的集中分权相结合的高校财务管理模式成为大多数高校的选择。

二、现阶段高校财务管理模式的构建目标和原则

（一）高校财务管理的目标

高校财务管理目标是高校进行财务活动要达到的根本目的，是高校财务管理的基本方向和要解决的主要问题。市场经济下的高校财务管理目标既不同于计划经济时期高校只需如实反映资金使用情况的财务管理目标，又不同于以营利为目标的企业财务管理目标。

首先，与计划经济时期相比，目前我国高校的财务管理目标不再是单纯强调社会效益。计划经济时代，高校的运转完全依赖国家投资，高校财务管理目标主要定位在培养人才上。其次，高校与企业不同，企业以营利为目标，

追求资本的增值，而产品的使用价值和社会责任不是企业的直接目的，只是为了实现利润最大化必须具备的基本条件和前提；高校是不以营利为目的的，追求的是社会责任、教学水平与教学质量，只是高校的这种教育活动与企业的经营活动一样，也必须以尽量少的投入获得尽量多、尽量好的产出。因此，高校财务管理目标的效益最大化是指上述效益的总效益最大，这种效益既不是简单的高校盈利，也不是投资人的收益，而是以尽可能少的投入实现最大的产出，从而满足社会日益增长的对高等教育的需求。

（二）高校财务管理模式的构建目标

正确的目标是系统良性循环的前提，高校财务管理模式的构建就是在高校中建立恰当的财务管理机制、制度、体制以保证高校财务管理目的的实现。高校财务管理模式的构建目标至少包括以下几点：有利于增强高校的宏观调控能力；有利于学校集中财力，增强办学实力；有利于高校财权和事权的统一，便于管理。

（三）高校财务管理模式的构建原则

在市场经济条件下，由于各高校的隶属关系、办学模式的不同，财务管理模式也必然不尽相同，但是高校财务管理模式的构建必须遵循以下原则。

1．坚持“宏观调控，微观搞活”的原则

因为在当前分级管理模式下，高校各单位不是独立于学校财务管理部门的分散自主的财务，而是在学校宏观控制下的分权分级的财务，因此为了克服计划经济条件下高校财务管理模式的弊端，在确立财务管理模式时必须坚持“宏观调控，微观搞活”的原则。

2．处理好责、权、利的关系

集权与分权的关系是高校财务管理模式的核心问题，因此要把学校的统一领导和基层单位的独立自主有机结合起来，使资金既能在宏观层面得到有效的利用，又能保证基层单位获得一定的财权，承担一定的责任，调动学校和基层单位两方面的积极性。

3．与市场经济环境相适应

随着我国市场经济的不断完善，高等学校的资金不仅仅是来源于政府或主管部门的投入，而是资金筹措渠道逐渐增多，资金额度逐渐加大。因此，高校财务管理模式也必须适应新形势，在财务管理工作中导入市场观念，以市场和价值规律为导向，协调学校发展过程中人、财、物等各方面的需求与供给，适应市场经济的发展。

4．与高校本身的管理体系、发展模式相适应

高校财务管理是高校管理工作的重要一环，财务管理模式的选择，必须与高校管理体系的改革与发展相适应，必须从本学校的历史沿革、办学规模、财力大小等情况出发，选择合适的管理方式和方法，形成科学的、适应本校发展的财务管理模式，实现高校财务管理为学校的前进与发展提供支持、为学校的教学与科研提供服务的目的。

三、高校财务管理模式选择的主要影响因素

高校财务管理模式的选择会给高校财务活动的开展、财务关系的处理以及学校的正常运行带来重要影响。因此，分析影响高校财务管理模式选择的因素，有利于指导高校权衡“集中”与“分权”，以确定恰当的财务管理模式。

（一）高等教育体制改革影响高校财务管理模式选择

新中国成立后我国实行计划经济的集权管理，高等院校都是由中央政府统筹管理，直到1980年改革开放后，高等教育体制改革才不断深化。1985年我国颁布的《中共中央关于教育体制改革的决定》中明确指出：“必须从教育体制入手，有系统地进行改革。改革管理体制，在加强宏观管理的同时，坚决实行简政放权，扩大学校的办学自主权。”自此逐步建立起中央和省两级政府管理，以省级为主，高等学校面向社会依法自主办学的新体制。从20世纪90年代末起，根据《中国教育改革和发展纲要》的要求，我国的高等教育按照“共建、调整”的方针进行了进一步改革，这些改革逐步增强了学校办学自主权，为高校内部实行校院两级管理提供了政策依据。

（二）教育财政政策影响高校财务管理模式选择

新中国成立直至70年代末，中央实行高度集中的计划经济体制，经济上的单一所有制结构，形成办学体制的单一制，高等教育由国家兴办，国家主管，国家出资。而政府实施“统收统支”的财政体制，教育经费列入国家预算，由中央及地方财政拨付。其中，中央所属高校的教育经费列入中央政府预算，由财政部统一掌管；各大行政区、省（市）管理的高校教育经费，分别列入各大行政区、省（市）预算内。该阶段的高校财务管理是政府预算的一个部分，简单按开支标准管理，不注重资金使用效益。

1980年以来，教育事业迅猛发展，教育地位不断提高，单一的国家财政拨款体制已经不能适应市场经济条件下社会经济和高等教育自身发展的需要，政

府拨款不再是高校唯一的资金来源，学校的经营收入和捐赠收入等其他经费来源占高校全部收入的比例不断增加。资金来源渠道的多元化使得高校财务管理的对象由原来简单的预算收支流量管理转变为对学校资金、资产和资本的全面管理，更加重视投资的绩效和回报率。这使得高校财务管理的职能拓展到高校运行的各个环节，同时也对学校财务管理模式的选择产生一定影响。

（三）财政拨款支付方式影响高校财务管理模式选择

虽然高校的资金来源日趋多元化，但是目前就我国公立高校而言，政府拨款仍然是其收入的主要来源，政府拨款方式直接影响着高校财务管理模式的选择。最近几年由于部门预算改革和国库集中支付改革，使得高校拨款收入中专项拨款收入大大高于正常经费拨款收入。一方面专项拨款具有专款专用的性质；另一方面由于国库集中支付，使得高校对这一部分收入的控制权很小，即高校不能对其所有资金进行自由调控。所以，在这些以政府拨款为主要收入来源的公立高校中，财政拨款支付方式对财务管理模式的选择产生直接的影响。

（四）高等教育规模的扩大影响财务管理模式选择

为了更好地满足社会发展对高级建设人才的需求，我国从 1999 年开始实行高校扩招，高校全日制大学生数量成倍增加。除了学历教育规模的不断扩大，随着当前社会上对劳动者素质的日趋重视，职业教育、终身教育理念也深入人心，高校的非学历教育规模也不断扩大，开展多元化、多层次的高等教育形式成为建立终身学习型社会的重要途径之一。原来高校规模相对较小，师生数量少，资金量小，比较适合集中的财务管理模式。而在高校教育规模扩大之后，师生数量倍增，院系增多，资金量加大，日常核算工作量也越来越大，原来采用集中或偏集中财务管理模式的高校，在学校一级管理人员有限的情况下，应将更多的财务管理权限授予二级单位管理人员，实行分权的财务管理模式。这样既有利于激励二级单位的增收减支积极性，又有利于降低学校管理成本。

（五）高校所处的发展阶段影响对财务管理模式选择

对于成立时间较短或虽成立时间较长却因环境条件变化仍处于发展初期的高校来说，若想快速发展必须集中资金，比较适合集中的财务管理模式，以提高资金的使用效益。而对于处在比较成熟阶段的高校而言，由于其师生员工已经基本认同了学校的办学风格，同时资金流也越来越大，继续采用集中的财务管理模式会导致学校内部管埋效率的降低，权责不明，二级单位增收减支积极性下降，从而影响学校的整体财务绩效。此时高校采取财权下放的分权财务管理方式，从粗放管理转向精细管理，节约资金，提高资金使用效益是更加合适的选择。

四、当前高校财务管理模式的实施现状分析

从当前高校财务管理模式实现的效果来看，主要存在以下几个问题。

（一）高校管理环境问题

与政府层面的法律法规一样，高校财务管理模式的实施，也存在着责、权、利不统一的问题。而且制度性的责、权、利脱节，会使高校的财务管理在出现问题以后，相关部门推诿扯皮，责任难以认定。这是高校财务管理模式制度设计的明显缺陷，也为其实施带来了困难。在高校内部，虽然二级单位也有较明确的内部经济责任制度，也要进行年终考核，但考核往往形同虚设，考核结果皆大欢喜。设备的管理不善、丢弃，资产非正常报废、被盗，重复建设、盲目建设的基建项目不查不问、无人负责，甚至在高校因某些人的工作失职发生几十万、数百万甚至上千万的严重经济损失时，当事人往往也只是受到象征性的经济处罚。虽然在高校中也设立了纪检、监察、审计部门，但却不能落实各部门在监督经济责任制度中的具体责任，责任不明确、不细化，造成了责任无人追究、无人负责的现象。

同时高校管理信息环境的建设落后也成为制约高校发展的瓶颈。高校办学规模扩大，管理部门增多，各部门根据各自的业务运作特点和管理需要分别建立起本部门的信息系统，这些系统口径不一，又没有统一的信息编码标准，加大了数据交换的难度，使得信息共享程度低，校级财务管理部门无法及时、完整地获取经济事项的各项数据。另外，各高校出于对财务信息安全性和机密性的考虑，基于校园网的财务信息综合查询系统普遍未能建立，校内其他部门也无法及时获得有效的财务信息。

（二）高校财务管理理念问题

高校财务管理理念问题，首先表现在高校对财务管理的重视不够。随着高校经济业务的复杂化，各类决策行为更加依赖于有效的财务管理，然而我国高校的财务运行中长期存在着重核算、轻管理的现象，学校及财务部门对经济业务的记录与核算十分看重，而对资金的来源、运用、效益等缺乏必要的分析。虽然可提供有关期间和时点的财务基本信息，但在进行财务管理时

缺乏科学、系统的评价指标。长期以来高校采用的财务管理指标大多为主管财政部门要求报送的“财政教育支出总量及其所占比重”“公共财政教育支出结构”“教师总量”“学生总量及结构”“教育行政事业性收费总量及结构”等固定指标，缺乏科学的高校财务运行评价指标，特别是对高校在地区文化发展及区域经济发展的推进作用等非财务因素缺乏考虑。另外，对财务指标的解读也只是停留在对财务信息的简单解释，忽视财务数据间的内在联系，对资金的状态、结构、效益缺乏系统分析，无法科学地考核学校整体和各部门资金的使用效率，对高校经济活动和事业发展状况缺乏规律性认识。

高校对财务管理的重视不够还表现在对财务管理人员队伍建设的重视不够。教学和科研一直是高校的中心，很多高校把博士学位和较强的科研能力作为招聘教师和科研人员的标准，而对于财务人员的学历水平、专业素质却很少做出规定，财务人员往往由引进人才的家属等构成，很少通过正规程序招聘，专业素质较低；在财务部分负责人的安排上也经常出现外行领导内行、外行管理内行，财务处长不具备财务管理知识的现象。

其次，公办高校管理者往往对高校的独立法人地位认识模糊，缺乏市场经济条件下的经营效益意识，致使资金效益低下，财务风险不断加剧。就拿银行贷款来说，前几年在大规模新校区建设的风潮中，部分高校缺乏对举债收益与风险的谨慎评估，缺乏对财务效益的清醒认识，盲目攀比，利用银行对公办高校的信赖超额取得长期贷款，期望通过扩招后增加的学费收入来偿还贷款，而没有考虑长期贷款的利率风险、融资成本等问题，导致现在很多高校不得不背上沉重的债务负担，发展无力。

（三）高校财务管理内容问题

1．预算管理不完善

高校财务预算管理是采用价值形式对高校经营管理活动进行的预算、调节、决策和目标控制，是集事前、事中、事后管理为一体的一种监督控制方式。做好高校财务预算管理，对保障高校各项工作运转具有十分重要的意义。然而目前部分高校预算管理理念陈旧，预算编制方法不科学，预算执行监督约束不力。预算编制主要采用“基数增长法”，虽然简便、易行，但缺乏公平性、科学性；预算管理的全员参与理念并未获得认可，编制好的预算大多不需提交全校教师代表大会讨论通过；纪检、审计部门的预算执行监督工作形同虚设，财务预算与预算实际执行情况不符的现象时有发生；在预算执行过程中存在只重视支出预算而忽视收入预算的现象，预算管理无法做到事前、事中、事后的全面控制，预算执行随意，削弱了预算管理的约束力，削弱了预算管理在财务管理中的职能和作用。

2．办学经费短缺、预算外资金管理不善

目前，我国高校经费来源单一，办学经费短缺。公办高校的财政补助作为高校办学经费的主要来源占学校总经费的比重在不断下降，重点研究型大学还能够争取到一定数额的科研经费，而且学校获取的社会资助捐赠也相对较多，然而对于大多数普通的教学型高校而言则缺乏这方面的优势。这类学校的自主创收能力有限，在财政拨款不断下降的情形下只有更加依赖学费收入，但是学生欠费现象严重。随着我国高等教育从精英教育过渡到大众教育，高校招生规模不断扩大，不可避免地增加了贫困生的人数和比例，同时高校财务管理制度的缺陷也使得恶意欠费的学生比例不断增加。另外，我国缺乏高校处理欠费学生的政策、法律支持，社会公众对待欠费学生也比较宽容，从而使得高校在解决此项问题上不能形成有效的制约机制，致使学生欠费问题在各个高校日益普遍，日趋严重，造成学校教育经费短缺，影响和制约了学校的发展。

另外，预算外资金在高校综合预算收入中所占的比重在不断上升。在高校财务管理不利的情况下，预算外资金在账外循环，形成“小金库”和“账外账”，给高校发展带来了严重的危害。首先，下属二级单位的预算外资金创收自收自支，造成学校国有资产的严重流失，对学校的决策和发展形成误导。其次，因高校多项改革均与经济利益调整相关，预算外资金管理不善严重阻碍了改革进程，特别是不利于推进高校后勤社会化。最后，“小金库”和“账外账”追求小集体甚至个人利益，致使学校财务管理失控，造成校内经济秩序混乱，同时也滋生了不正之风和经济腐败。总之，预算外资金管理不善给高校财务管理工作带来了难题。

3．固定资产管理低效

从财务管理的角度看，目前高校固定资产的显性和隐性流失均没有引起足够的重视，存在重购置轻利用、重占有轻流通的现象。在不采用完全成本核算、占用资源与收入分配不挂钩的情况下，不能做到固定资产在全校范围内的资源共享，使得学校购置的设备往往为某个部门所占有和使用，致使资产使用效率低，浪费现象突出。高校内的每一个部门根据其职能，掌握着数量不等的固定资产，形成收益，同时也需要少量经费进行维护。二级单位利用所掌握的固定资产，譬如利用体育场馆设备、音乐器材、美术器材等办班创收，把教室、实验室、学生宿舍、礼堂、办公用房等对外出租收取租金等等，调剂利用，以增加办学经费，改善办学条件。其实这本身无可非议，问题是各部门的资产性质、数量各不相同，资产收益部门化，很容易造成高校内部资源配置的不均衡，不同部门的职工收入不均衡，从而导致教职工心理失衡，影响其工作积极性。另外，允许二级单位运用所辖资产创收，很可能引发二级单位在学校总体资产不足、正常的教学科研活动得不到满足的条件下，利用学校的有限资产进行创收，进而影响学校的正常教学科研活动，造成教学质量的下降。同时，固定资产的出租出借等非常规使用必定使得资产的维护和保养费大量增加，损坏、丢失的可能性加大，如果不在财务管理中按照收益配比原则明确相应的管理和财务支出责任方，很可能导致高校资产的流失。

（四）高校对财务管理制度问题

1．高校会计核算的收付实现制基础

目前，我国高校执行以收付实现制为基础的全额事业单位会计制度。在收付实现制度，当现金收到或付出时只记录收入的实现和费用的发生，而收入和费用的归属期间与现金收支行为的发生与否是紧密地联系在一起的。换言之，现金收支行为在其发生期间全部记作收入和费用，而不考虑与现金收支行为相关联的经济业务实质上是否发生。在这种记账基础上，高等学校财务报表中的收支只是以现金实际收支的部分，并不包括当期已经发生但尚未用现金支付的部分，无法全面、客观地反映高校的财务状况。这与国际惯例不相符，国外高校普遍以权责发生制为核算基础。

2．校长领导下的总会计师负责制推行不利

教育部出台的《国家中长期教育改革和发展规划纲要》第 58 条，是继原国家教委 1987 年制定的《高等学校总会计师工作试行规程》后，再次要求在我国高校推行总会计师制度的文件，但目前我国设立总会计师岗位的高校寥寥无几。在高校债务不断增加的情形下，为缓解债务压力，不少高校选择合作办学、吸引社会投资等方式，将闲置的土地资源、人力资源、知识产权资源等与合作方组合。在此过程中，如果学校内部没有专业人士把关经济合同的签订，很容易带来经济风险，加重高校的财务压力。而目前我国非经管类高校的财务管理力度不强，分管财务工作的校长、副校长大多数不是财务专业人士，高层次财务管理工作实施起来存在较大障碍。同时高校虽然以教学科研为中心，但涉及的工作很复杂，像一个小社会，绝不是一般事业单位财务管理的单项内容。总会计师负责制的推行不利影响了高校财务管理水平的提升。

五、高校财务管理模式的创新思路

高校财务管理要想进入良性有序的发展轨道，必须从以下几个方面进行创新。

（一）高校管理环境的优化

为了实现建立市场经济体制的目标，我国必须首先创造出有利于制度创新的制度环境，同样，若想实现高校财务管理模式的改革和创新，高校也必须首先改善高校的内外部管理环境，为制度的实施打下良好的基础。所谓管理，是指以一定组织为纽带、以协调活动为中心的管理主体与管理客体相互作用的规范形式和有序结构，是一种制度体系，其核心是人，是对人行为的一种“规制”。但是，不少高校的领导者不能正确地对待财务管理中的集中与分权，致使高校财务管理不能形成科学的管理模式。建立责权利平衡的宏微观管理环境，引进市场机制的管理原则和管理手段，摆脱计划经济体制的影响，是提高高校办学活力、增强竞争力的有效途径。

（二）高校财务管理理念的创新

“在营利机构，创造财务上的利润，是一种目的；而在非营利组织，它则是一种手段。”高校作为培养人才的重要场所，在市场竞争环境中要战胜对手，实现可持续发展，不能像企业那样经营，但必须吸收企业财务运营中的优秀理念，比如风险意识、可持续发展、精细化管理等，并将其体现在财务管理模式的创新上。

首先，高校在市场竞争环境下的生存、发展，应以绩效为导向，以社会效益和经济效益的最大化为目标进行效益管理，而不能仅仅局限于对预算资金收支的管理。其次，在高校财务管理模式的创新中必须考虑风险因素的影响，树立风险观念，制定科学有效的财务风险防范机制。再次，随着高校经费来源渠道的日趋多元化，高校要树立新的融资观念，科学引导资金流向与融资资金，发挥资金的最佳使用效益。另外，可持续发展也是经营化理念的重要部分，财务管理要为高校的长期、稳定、可持续发展服务，要不断优化教育结构和资源配置，增强高校的发展实力和后劲。最后，还要树立精细管理的财务理念，在高校的内部预算、会计核算、收入支出管理、资金及借款等财务管理活动中全面实施精细管理，采用量化指标进行财务控制。

（三）高校财务管理内容的丰富

为了改变我国高校财务运行中长期存在的“重核算、轻管理”现状，必须丰富高校现有的财务管理内容，这也成为高校发展的迫切要求。比如，在高校筹资渠道不断扩大、政府拨款以外资金来源不断增加的形势下，将评价资金风险、计算资金成本、控制举债规模等筹资管理指标增加到高校财务管理指标体系中；在高校为了在市场竞争中站稳脚跟，必须不断增加基建、教学设施和科研设施投资的形势下，将与投资相关的投资收益、内含报酬率等项目可行性论证指标纳入高校财务管理指标体系中；将对高校会计报表及其他有关资料进行的财务分析具体内容，根据学校财务运行和财务管理状况的不断变化进行适时调整；在资金使用上严格执行预算，增收节支，使资金得到高效率的运用；在高校内部实行相应的激励分配机制，充分调动二级财务管理的积极性、主动性和创造性，提高资金的使用效率；完善固定资产的折旧制度、专用基金核算制度、对外投资明细核算制度、借入款项的考核评价制度等；丰富现有高校财务报表及附注，增设现金流量表、学生教育成本分析表等报表，并提高会计报表附注信息质量；遵循财务管理的成本效益原则，提高教育投资的效益，寻求降低教育成本的最佳途径。

（四）高校财务管理制度的改进

高校财务管理制度的创新包括如下内容。

1．高校会计由收付实现制向权责发生制转变

在经济全球化背景下，高校对外经济往来、国际结算等业务日趋增多，因此，在高校财务核算上实行权责发生制运行模式，既符合市场经济体制和经济全球化趋势，也符合国际惯例。

2．财务工作重点从核算型向管理型转变

高校财务工作的重点不再像过去只集中于记账、算账和报账的简单循环，而是扩大到计划、核算、监督、分析、管理等更大范围。同时财务人员也更多地将精力投入到有效利用会计信息进行预测、控制、分析上。

3．建立校长领导下的总会计师制度

在高校负债居高不下、频繁的经济活动带来的财务风险不断增加的情况下，若延续由校长或副校长在管理教学、科研、后勤等领域的同时，兼管财务工作的传统，由于其缺乏资金管理和运用的专业知识，非常可能直接影响

高校资金的使用效率，导致整个学校财务运行的混乱，甚至产生腐败现象。而设置总会计师岗位，选拔专业人才专管主管学校的经济管理工作，直接对校长负责，则有利于加强学校的宏观调控和运筹资金能力，科学决策，保证学校经济工作的良性运转。

第二节　高校财务管理环境

高等学校是实施高等教育的机构，是培养具有创新精神和实践能力的高级专门人才的场所。“设立高等学校由国务院教育行政部门审批。高等学校应当以培养人才为中心，开展教学、科学研究和社会服务，保证教育教学质量达到国家规定的标准。国家举办的高等学校实行中国共产党高等学校基层委员会领导下的校长负责制。高等学校的校长、副校长按照国家有关规定任免。”《中华人民共和国高等教育法》已对高校的设立、组织、功能做了明确的规定。

从高校的设立和管理体制看，高等学校是被赋予了各种社会、政治和行政功能的教育机构。高校财务管理是在高校特定的政治、经济环境中进行的，高校财务管理的环境由外部的大环境和内部的小环境构成。高校财务管理受行政和政治因素的影响，有时会超过经济因素本身的影响，因而并非纯粹的经济管理，高校财务管理的效果是经济、政治和管理人员职业素质等因素共同作用的结果。高校财务虽然不像企业那样存在“内部人”控制问题，但行政因素的影响也会导致掌控“经济权人”偏离正常的经济轨道，因此管理人员的职业素质在高校财务管理中是最重要的因素。高校处于特殊的经济、政治环境中，在遵循经济规律管理高校财务的同时，要兼顾政府行政管理的要求，兼顾教育的社会功能。

第三节　高校财务管理目标

高校财务管理目标是高校在组织财务管理活动中所要达到的目的，明确高校财务管理的目标是做好高校财务管理工作的前提。

高校财务管理目标具有自身的独特性，它不是一个独立存在的目标，而是以高校发展总体目标为前提，在高校发展总体目标的框架内，确定为高校发展服务的财务方面的具体管理目标。因此，高校财务管理目标不是一成不变的，而是随着高校发展目标的变化而变化，但基本的管理目标是确定的。高校是公益性的教育事业单位，服务于国家的经济社会发展，提供教育准公共产品，根据高校的特点，高校财务管理的目标有以下几个方面。

一、基本目标——建立运行有效的财务管理系统

建立运行有序、管理有效的财务管理和控制系统是高校财务管理的基本目标。建立健全内部管理制度，采取有效的控制措施是做好高校财务管理工作的前提，一个运行有效的高校财务管理系统是高校正常运转的保障。如果财务管理一片混乱，实现财务管理的其他目标就无从谈起，高校的正常运转也会因此受到影响，所以建立运行有效的财务管理系统是高校财务管理的基本目标。

二、主要目标——筹资最大化

筹资最大化即筹集高校发展所需要的资金最大化，也是高校财务管理的主要目标。筹资是通过各种渠道和方式筹措资金的财务管理活动，与“追求利润最大化”的企业财务管理目标不同，高校不是经营单位而是教育事业单位，“筹资最大化”才是高校财务管理的目标。高校的资金来源总地来说以政府投入、学费收入为主，其他收入为辅。学费是政府审批的事业性收费项目，由高校收取用来补充教育经费的不足，是筹资的重要组成部分，但受学费标准和学生人数的限制。其他筹资项目如社会捐资助学等，筹资的范围更为广泛。高校应该积极申请政府各项专项资金和争取社会的捐资助学，以达到筹资最大化的目标。

三、终极目标——资金使用效益最大化

资金使用效益最大化即高校筹集的资金发挥最大的使用效益，这是高校财务管理的终极目标。如果资金使用不做效益评价，盲目或随意支付资金导致资金的大量浪费，那么筹资再多也是无济于事的。资金使用首先要保障高校的正常运转，其次要服务于高校发展大局，将资金重点投放到学校规划和

优先发展的项目上，同时必须进行资金使用效益评价，才能实现资金使用效益最大化的目标。

第四节　高校财务管理内容

高校财务控制内容是在实现高校财务管理目标的过程中，对经济活动内容所实施的控制。高校财务管理内容包括资金筹集、分配、使用的管理，涉及预算、实施、决策、控制、分析、监督管理等环节。财务控制思想贯穿在财务管理的整个过程中，管理过程中有控制的思想，控制过程中有管理的内容，财务管理与控制是不可分割的整体。

一、资金的筹集

资金的筹集渠道主要有财政拨款、向主管部门申请各类专项资金、收取学费以及筹措其他各种收入等。这项管理内容涉及资金收入预测和实施环节，即对筹集的资金项目和筹资总额进行预测，并对预测行为付诸实施，以取得实际的筹资收入。

二、资金的分配

资金的分配是根据学校的发展规划进行资金使用额度的预算分配，即将筹集的资金投向于哪些方面。这项管理内容涉及预测和决策环节，即支出总额的预测、资金投向的决策。

三、资金的使用

资金的使用是在资金分配的基础上进行的支出管理和控制。根据各项目的资金预算，对项目资金使用过程进行监控，使支出范围和支出金额符合预算的要求。这项管理内容涉及控制、分析环节，即控制超预算支出、分析预算执行情况等。

资金筹集、分配、使用都涉及监督管理环节，必须有作为第三者的内部审计部门予以监督控制。

第二章　高校财务、理财环境的变化及应对研究

经济越发展，会计的作用越重要。作为经济管理的重要组成部分，现代财会的职能日渐深化、拓展。现代会计按其内容可划分为财务会计和管理会计；按会计主体性质可划分为企业会计和预算会计。在企业会计改革基本成型后，作为预算会计的主要内容之一，事业单位会计的改革已引起业内人士的诸多思考。随着市场经济的不断完善和高等教育改革的不断推进，高校财务作为学校管理的核心内容之一，已从社会边缘成为人们关注的重点。因此，要分析高校理财环境变化，并在对高校理财现状进行案例分析的基础上，就如何加强高校财务管理提出对策。

第一节　高校财务概述

高校财务，从广义上讲，指高校财务与会计（有时简称高校财会），属于事业单位会计，是预算会计的一个组成部分。作为学校财务与会计管理的职能部门，从机构名称上可以看出，学校财务处（有的设为计划财务处）承担着三大工作，即财务计划管理、财务管理和会计管理。其中，会计管理是基础，财务计划（预算）管理是关键，财务管理是重点。

一、高校会计与高校财务

（一）高校会计的含义

高校会计是指以高校实际发生的各项经济业务为对象，核算和监督高校资金的取得、使用及其结果，以提高办学效益的一种非营利组织会计。按照《高校会计制度》（征求意见稿），高校会计要素包括资产、负债、净资产、

收入、支出。高校会计要素与企业会计相比不同的是：高校会计要素以净资产取代了在企业中普遍采用的所有者权益会计要素；也没有将结余、利润等列为高校的会计要素。

1．高校财务报表的一般要求

高校财务报表是反映高校某一特定日期的财务状况和某一会计期间的收入费用及预算执行结果等会计信息的文件，包括资产负债表、收入费用表、预算收支表、基建投资表以及报表附注。财务报表分为年度财务报表和中期财务报表。短于一个完整的会计年度的期间（如半年度、季度和月度）编制的财务报表称为中期财务报表。年度财务报表是以整个会计年度为基础编制的财务报表。

财务报表要根据登记完整、核对无误的账簿记录和其他有关资料编制，做到数字真实、内容完整、报送及时。高校应当按照高校会计制度的规定提供真实、完整的财务报表，不得违反规定随意改变财务报表格式和有关数据的会计口径。财务报表必须经单位负责人、主管会计工作的负责人、会计机构负责人（会计主管人员）签名并盖章。

2．高校会计的主要任务

高校会计的主要任务具体包括：促进事业计划的圆满实现；贯彻执行国家的财经方针、政策、法令、制度和纪律；正确核算收支结余，计算成本收益，做好日常核算工作；促进事业单位提高管理水平。

（二）高校财务的含义

高校财务是指高校在办学过程中客观存在的财务活动及其体现的经济利益关系。高校财务管理是按照国家法律法规和政策以及高校办学宗旨要求，对高校财务活动进行组织、预测、决策、计划、控制、分析和监督等一系列管理工作的总称。其基本特征是价值管理，管理的客体是高校的财务活动，管理的核心是高校财务活动所体现的各种财务关系。换句话说，高校财务管理是利用价值形式对高校财务活动及其体现的财务关系进行的综合性管理工作。

1．高校财务的工作目标及原则

根据我国教育部和财政部的意见，高校财务的工作目标为“权责明确、行为规范、管理严格、监督到位、运行有效、服务优质”。

2．高校财务的主要任务

按照我国教育部和财政部的规定，高校财务的主要任务如下。

（1）筹集资金：走“争、创、筹”的路子，充分发挥学校优势，建立稳定增长的多渠道筹措教育经费的纵横机制。在法律允许的范围内，充分利用自身的人才、技术、设施等资源优势和良好的社会影响，通过社会捐赠、盘活资产、开展合作等途径，以及校友会、基金会等多种形式，为学校发展筹集办学资金。

（2）全面加强预算控制和管理。一方面是对经费开支大户进行重点管理；另一方面是加强预算执行情况的分析，提高资金使用效益。

（3）建立健全财务管理制度和监督体系。

1）高校必须将财务管理制度建设作为一项基础性工作常抓不懈，要根据形势的变化，及时补充、修订和完善各项管理制度。当前，要重点完善内部控制制度和集体决策制度，增强自我约束机制，减少经济决策失误，杜绝财经违纪行为，防范财务风险，保证财经工作健康有序运行。

2）高校的财务、审计、纪检、监察等部门要相互配合，各负其责，建立完善有效的财务监督体系，共同维护学校正常的经济秩序。

3）要加强会计核算工作，对校内各单位实施定期或不定期的财务检查和会计稽核，发现问题及时纠正。

4）高校内部审计部门应充分发挥内部审计的监督作用，将学校所有经济活动纳入审计范围，重点加强经济责任审计，积极探索开展内控制度审计和绩效评价审计。

5）高校应通过“以教代会”等多种形式，全面推进财务公开，实现财务决策科学化、财务管理民主化、财务报告制度化，自觉接受师生、员工监督。

（三）高校财务预算管理的含义

中国有句俗话：“凡事预则立，不预则废。”长期以来，高校对预算管理重视不够，造成学校发展规划和事业计划与学校的资金供求相脱节，使得教学事业发展缺乏有力的财力保证。在多数情况下，学校预算成了向上级财政部门争取拨款的工具，没有发挥预算管理的重要作用。

1．高校财务预算管理的基本内涵

高校预算是指高校根据事业发展计划和任务编制的年度财务收支计划。学校预算管理就是以货币形态对学校事业发展的计划管理，这是在现代经济中科学管理现代高校的基本手段。预算管理的一个最基本的职能就是进行有效的资源配置。抛开预算的具体内容，预算从本质上讲是一种计划，是学校事业发展计划、管理活动的货币化与具体化。预算管理的目标实际上就是学校的战略目标，通过预算管理使学校的战略意图得以具体贯彻，使长期与短期计划得以沟通与衔接。

（1）预算不等于预测。预测是基础，是预算的前提。有效的预算是学校防范风险的重要措施。

（2）预算是一种系统的方法或者管理机制。预算管理不是简单的数据堆砌和表格罗列，而是与高校治理结构相适应的一套管理系统。高校健全的预算管理制度是完善高校治理结构的具体体现。

（3）预算具有很强的严肃性和权威性。这主要表现在：预算程序严格；预算一经批准，即具法律效力；预算执行不能“跨项（目）”“超支”和“变项”，更不能“打通（项目）”使用；等等。

（4）作为一种最基本的计划，预算最重要的作用就是对资源进行配置。这种作用还有赖于计划是否用得恰到好处，一个好计划的制订是需要一定条件的，在不受条件约束的情况下，计划其实可以比市场更有效。在市场经济中，要付出市场运行的交易成本；计划经济则不需要这些成本，只要依靠计划生产与消费就可以了。不论是在计划经济中，还是在市场经济中，计划都是非常重要的资源配置手段。有效的计划一定要在可能的范围内，在能够获取充分信息的情况下，才能制订出来。

（5）从支出角度来看，预算管理实际上是一种成本控制，因此把预算定义为“一种由人来控制成本的会计技术”。我国教育部和财政部明确指出，各项支出要有预算安排、支出标准、制度依据。因此，随着预算水平的提高，高校对办学成本的控制能力会不断增强。

2．高校财务预算的地位和重要性

财务预算是整个学校财务工作的“牛鼻子”，是高校进行经济活动的依据，也是学校整个管理水平的基础。好的预算管理可以促进整个学校管理水平的提高，而高水平的学校管理也要求高质量的预算保证。高校的性质决定了财务管理的目标是“量入为出”，即在资金约束下事业的最大发展，实现这一管理目标的重要手段就是预算管理。

预算管理的控制力，在很大程度上也折射出一个学校规划乃至整个管理工作的水平。现代财务管理的要求是每个学校都必须加强预算管理。预算管理的效力状况，直接取决于依法治校、科学管理的理念在高校是否真正落到实处。维护学校预算的严肃性和刚性原则是学校健康财务状况的关键。

3．高校财务精细化和财务预算细化

精细化财务管理就是要使财务管理工作做到精密、细致。财务管理的每项内容、每个环节均达到精致程度，也就是落实财务管理责任，将财务管理责任具体化，对财务活动的每一项内容、每一个岗位、每一个具体环节建立相应的工作流程和业务规范，充分挖掘财务活动的潜在价值，最终达到提高效率、效益的目的。

通过上述分析，我们不难发现，高校的预算管理细化到什么程度，很大程度上取决于对高校管理活动复杂程度的把握，取决于对相关信息的获取程度。在实际工作中，经常提到预算的细化，不能落实到位的根本原因在于：没有精细化的思想；没有对管理工作精细的制度要求。财务预算细化是一个系统工程，要落实财务预算的细化，首先要营造一个财务精细化的管理环境。

二、新旧高校财务及会计制度的比较

（一）新旧高校会计制度的比较

2014 年 1 月 1 日起施行的《高等学校会计制度》（以下简称新制度），与 1998 年财政部发布的《高等学校会计制度（试行）》（以下简称旧制度）相比，在总体思路上，有六大变化：一是新增了与国库集中支付、政府收支分类、部门预算、工资津补贴、国有资产管理等公共财政改革相关的会计核算内容；二是为了真实反映资产价值、合理确定教育成本，要求计提固定资产折旧；三是为了增强会计信息的完整性，要求将基建会计纳入“大账”；四是对收入支出类会计科目的设置进行了调整，以便更好地反映高等学校现实的收支情况；五是要求平行设置财务会计科目与预算会计科目，既能提供绩效评价需要的权责发生制的财务信息，也能提供预算管理需要的预算收支信息；六是规定高校财务报表应包括资产负债表、收入费用表、预算收支表、基建投资表及报表附注，并重新设计表中项目构成，改进了报表格式，完善了报表体系。

1．会计核算基础的比较

旧制度规定，高校的会计核算主要以收付实现制为基础，不能客观反映高校的实际成本。新制度适当引用权责发生制。以学费收入为例，新制度要求采用权责发生制予以确认。即在每一教学年度，根据教务部门提供的学生注册数以及报到人数，按照有关部门核准的收费标准将全部应收学费、住宿费等办理相应的入账手续。为了准确地核算学费的收入，将在收付实现制原则下设立的“应收及暂付款”科目改成“应收账款”“其他应收款”等一级科目：一方面可以提供更为准确的高校应收各项款项的数据信息，以便教务部门、学生部门及时催交学费、住宿费，减少不必要的坏账损失；另一方面可以全面如实地反映资产、负债、收入、支出等会计要素增减变化的数据资料，为学校提供全面、真实的会计信息，科学地反映财政事业资金的运动过程和工作业绩。

2．会计科目设置的比较

（1）资产类科目的比较。新旧制度中有些科目还是保持基本一致，如“库存现金”“银行存款”“应收票据”“固定资产”和“无形资产”科目的设置。同时，也增加了许多新的科目。例如，“在建工程”科目、“固定资产清理”科目。还有一些在旧制度中虽然没有列示，但是随着国家对高校教育越来越重视，在实际工作中已经开始启用的会计科目，在新制度中再一次给予明确说明，如“零余额账户用款额度”“财政应返还额度”等类似科目。许多科目的名称、核算范围以及内容分类都发生了或大或小的变化。

（2）负债类科目的比较。变化最大的是“借入款项”科目的改革。旧制度下，无论是基本支出还是项目支出的借款，都一并放入“借入款项”科目来进行核算。新制度中将“借入款项”科目做了进一步的划分。根据到期日的长短分为“长期借款”科目和“短期借款”科目。尽管与资产类科目相比较，负债类科目的变化不是很大，但也新增了一些科目，如“应付职工薪酬”“预收账款”“其他应付款”“长期应付款”等，新增加的这些会计科目适应了权责发生制的要求。

（3）收入和费用类科目的比较。从收入的来源看，高校的收入包括财政补助收入、上级补助收入、科研业务收入等。通过新旧制度的比较，我们可以很直观地发现，增加调整了资产类科目、负债类科目、净资产类科目、收入和支出类科目。新制度中的“其他收入”就不仅仅是单一的其他收入了，而是把投资收益、固定资产出租收入等科目也纳入“其他收入”科目的核算范围。在费用类科目中最大的变化在于增设了“以前年度盈余调整”科目。

3．对固定资产折旧处理方法的比较

旧制度中采用的是固定资产不计提折旧。新制度要求应当按月对固定资产计提折旧（文物文化资产除外），在固定资产的预计使用寿命内系统地分摊固定资产的成本。对固定资产计提折旧后，财务报表中的固定资产净值体现，使得固定资产符合资产的定义，与《企业会计准则》的资产负债观保持一致。因此，对固定资产进行计提折旧能够提高财务报表的可靠性与科学性，为报表使用者提供真实的资产状况。

4．会计报表的比较

旧制度要求高校编制的基本报表有资产负债表、收入支出表和支出明细表。这些会计报表内容反映不够全面与完整，不反映预算情况，提供的会计信息过于简单，高校的财务状况往往被忽略，因此提供的一些信息只能作为财务数据的统计。此外，会计报表项目的设置不够科学严谨，会计报表体系不够完整，对象比较单一。新制度中财务报表增加了新的内容，包括资产负债表、收入支出表（月度）、收入支出表（年度）、财政补助收入支出表和报表附注。新的财务报表体系可以为报表使用者提供更多的信息。

在现行体制下，基建账游离于财务账之外，高校不能完整、准确地反映财务信息。不管通过哪种形式转到基建账上的资金，最后都会形成一部分实物资产、一部分费用，也可能还留有一部分货币资金。新制度新增加了基建投资表，把基建投资表并入高校财务报表之中，全面反映了整个学校的经济资源以及基建活动全过程的核算内容。

总之，新制度与旧制度比较，具有很多优点。新制度的设计具有很大的创新，采用修正的权责发生制和收付实现制两种不同记账基础，借助于现代化的财务信息系统，提供更为精确的财务信息，这是高校会计制度设计与改革的一个重大创新。新制度核算的内容更加全面，通过增加“在建工程”“基建工程”两个科目，改变了原来的基建工程单独建账进行核算的不良状况，修改了很多会计科目的核算内容，可以更加全面、完整地反映高校办学经济活动的全过程。不过，笔者认为，新制度也存在一些不足，如应该增加现金流量表等。

（二）新旧高校财务制度的比较

现行的《高等学校财务制度》（以下简称新制度）于 2012 年经财政部、教育部批准，自 2013 年 1 月 1 日起正式实施。1997 年颁布的《高等学校财务制度》（以下简称旧制度）已废止。在章节内容方面，新制度基本保持了旧制度的结构体系，但做了适度的调整：主要是减少了“事业基金管理”这一章，增加了“成本费用管理”和“净资产管理”两章内容；将专用基金管理等内容放入了净资产的限定性、净资产管理等部分；将原来支出管理部分的费用归集分摊、经济核算等内容调到了“成本费用管理”部分；将原第六章“结余及其分配”名称改为“结转和结余管理”。现就新制度的具体章节的变化说明如下。

1．关于总则和附则

总则和附则主要涉及以下三方面。

（1）适用范围。将旧制度第二条改为“本制度适用于各级人民政府举办的全日制普通高等学校、成人高等学校（以下简称高校）。其他社会组织和个人举办的上述学校可以参照本制度执行”。

（2）主要任务。增加了“有效控制预算执行，完整、准确编制学校决算”“建立健全学校财务制度，加强经济核算，实施绩效评价”“防范财务风险”等内容。

（3）权责发生制引入的问题。新制度没有直接表述高校财务管理的权责发生制问题。这主要是考虑权责发生制直接表现为会计计量基础问题，在《高校会计制度》中加以明确表述即可。虽然新制度没明确表述，但是在资产管理、负债和成本费用管理等章节均遵从了权责发生制的要求。权责发生制的引入是这次旧制度修订的一个创新与突破。

2．关于财务管理体制

财务管理体制主要涉及以下两方面。

（1）财务管理机构。新制度对二级财务机构与学校一级财务机构的关系、二级财务机构职责没有修订，主要是对需要设置二级财务机构的范围做了修订，将“高等学校校内后勤、科技开发、校办产业及基本建设等部门”改为“高等学校校内非独立法人单位”，这主要是考虑：大多数高校的科技开发与校办产业，经过改制已并入学校的资产经营公司，资产经营公司的财务遵循的是企业财务管理制度；基本建设部门财务大多已并入学校财务处，修订后的《事业单位财务规则》和《高等学校财务制度》均将其合并到高校的财务管理体系；独立法人单位不能作为学校的二级财务机构，因为按照法人登记注册的要求，其必须是设置独立的财务机构和人员。

（2）财务人员管理。旧制度规定：“高等学校校内设置财务会计机构，必须相应配备专职财会人员。校内各级财会主管人员的任免应当经过上一级财务主管部门同意，不得任意调动或者撤换。财会人员的调入、调出、专业技术职务的评聘须由财务部门会同有关部门办理。”新制度对财务人员的配备没有修订，主要是对财会人员的管理做了修订，对文字表述做了调整与修改，“财会人员的调入、调出、专业技术职务的评聘以及校内二级财务机构负责人的任免、调换或者撤换，应当由学校一级财务机构会同有关部门办理”。

3．关于单位预算管理

单位预算管理主要涉及以下四方面。

（1）预算编制原则。编制预算应当遵循（原为“必须坚持”）“量入为出、收支平衡”的总原则；收入预算编制坚持积极稳妥原则；支出预算编制坚持统筹兼顾、保证重点、勤俭节约等原则。

（2）预算编制方法。新制度取消了“校级预算和所属各级预算必须各自平衡，不得编制赤字预算”的要求，这主要是考虑：高校的适度负债已成为一种发展举措和现实，与预算平衡原则不相适应；在基本建设并入财务“大”体系改革之后，在基本建设大规模投资的个别年度是很难实现预算平衡和不出现赤字的。

（3）预算编制和审核程序。根据目前高校预算管理程序直接更改为“高校经法定程序审核批复后执行”。

（4）预算的调整。增加了“高等学校应当严格执行批准的预算”的规定。“财政补助收入”是财政从国库核拨给事业单位的资金；“预算外资金”概念不再使用，教育收费经批准暂不缴国库，仍实行财政专户管理，新制度规定“国家对财政补助收入和从财政专户核拨的预算外资金一般不予调整”。

4．关于收入管理

新制度中将收入分为政府补助收入、事业收入、上级补助收入、附属单位上缴收入、经营收入、其他收入，并且对政府补助收入和事业收入的具体内容做了进一步的修改。考虑到收入来源的渠道区分，将收入简化为：政府投入、学校自筹和其他。

（1）政府补助收入界定了“政府补助收入”的概念，将原来的“高等学校从财政部门取得的各类事业经费”的财政补助收入概念改为“高等学校从同级财政部门取得的各类财政拨款”，扩大了财政补助收入的概念内涵。

（2）事业收入。将旧制度的事业收入的两类收入——“教学收入”和“科研收入”改为“教育事业收入”和“科研事业收入”；对教育事业收入的具体内容做了扩展；增加了对教育事业收入上缴国库或财政的管理条款，主要考虑：根据部门预算改革的要求，“预算外资金”概念不再使用；高校的收入仍实行财政专户管理。

（3）其他收入。

（4）增加了对上缴国库和财政专户的管理要求条款。为加强对事业单位收入管理，保证按照规定上缴国库或者财政专户的资金及时足额上缴，防止出现隐瞒、截留、挤占和挪用等问题，新制度增加了“高等学校对按照规定上缴国库或者财政专户的资金，应当按照国库集中收缴的有关规定及时足额上缴，不得隐瞒、滞留、截留、挪用和坐支”的规定，适应《事业单位财务规则》的新要求。

5．关于支出管理

新制度中修订的支出管理主要涉及以下两方面。

（1）支出分类的修订。增加了“其他支出”，并对事业支出的定义做了适当修改，对事业支出的分类做了大幅修订。

1）事业支出。新制度规定“事业支出，即高等学校开展教学、科研及其辅助活动发生的基本支出和项目支出。基本支出是指高等学校为了保障其正常运转，完成教学、科研和其他日常工作任务而发生的支出，包括人员支出和日常公用支出。项目支出是指高等学校为了完成特定工作任务和事业发展目标，在基本支出之外所发生的支出”，取消了旧制度对事业支出内容的八大分类。

2）其他支出。新制度规定“其他支出，即本条上述规定范围以外的各项支出包括利息支出、捐赠支出等”。

（2）增加支出管理内容。新制度规定：“高等学校应当依法加强各类票据管理，确保票据来源合法、内容真实，不得使用虚假票据账。一旦发现虚假票据入账，必须及时纠正。高等学校应当严格执行国库集中支付制度和政府采购制度等有关规定，高校应当进行支出绩效评价，提高资金使用的有效性。”

6．关于结转与结余管理

新制度关于结转与结余管理的内容主要涉及以下两方面。

（1）结转与结余的概念修订。“结转和结余是指高等学校年度收入与支出相抵后的余额。结转资金是指当年预算已执行但未完成，或因故未执行，下一年度需要按原用途继续使用的资金。结余资金是指当年预算工作目标已完成，或因故终止，当年剩余的资金。”原则上结转资金结转下年按原用途继续使用。结余资金应全部统筹用于编制以后年度部门预算，改变用途须报财政部门审批。

（2）事业单位结余管理。将结转和结余分为财政拨款的结转与结余和非财政拨款结转与结余两部分，规定了不同管理要求。“高等学校财政拨款结转和结余资金的管理，应当按照同级财政部门有关规定执行。高等学校非财政拨款结转按照规定结转下一年度继续使用。非财政拨款结余可以按照国家有关规定提取职工福利基金，剩余部分作为事业基金用于弥补高等学校以后年度收支差额，支持事业发展；国家另有规定的，从其规定。”

7. 关于资产管理

新制度对资产管理的修订主要涉及以下几点。

（1）在资产分类中增加“在建工程”。

（2）在流动资产增加了货币资金的类别，将“应收及暂付款项”名称改为“应收及预付款项”，并增加了对货币资金和应收及预付款项的内容说明。

（3）适度调高了固定资产的单位价值标准。把固定资产单位价值由500元提高到1500～2000元以上，且“高等学校的固定资产明细目录由教育部制定，报财政部备案”。

（4）增加了资产折旧与摊销的管理规定。高校除文物和陈列品之外的固定资产，应当采用年限平均法，在其使用年限内计提折旧。固定资产折旧政策一经确定，不得随意变更等。

（5）进一步规范了对外投资行为。高校应当严格控制对外投资；对外投资应当按照国家有关规定报经财政部门或主管部门审批；高等学校以实物、无形资产对外投资的，应合理确定资产价值；高校不得使用财政性资金进行对外投资，不得从事股票、期货、基金、企业债券等投资。

（6）规范了资产使用和处置的管理。高校出租、出借资产，应当按照国家有关规定经主管部门审核同意后报同级财政部门审批。

（7）强化了资产账务和有关收益的管理。对盘盈、盘亏的固定资产，应当及时查明原因，并根据规定的管理权限，报经批准后及时进行处理。高校的对外投资收益以及利用国有资产出租、出借取得的收入，应当纳入单位预算，统一核算、统一管理。高校的资产处置收入应按照国家有关规定实行收支两条线管理。国家另有规定的，从其规定。

（8）建立了资产共享共用制度。高校应当加强资产管理，建立资产共享、共用制度，完善资源有偿使用成本补偿机制，提高资产使用效率。

8. 关于负债管理

新制度对负债管理修订主要涉及以下两方面。

（1）负债内容的修订。将“暂付款”改为“预收账款”。增加了“借入款项、应付及预收款项”的内容解释，借入款项包括高校为流动资金周转或基本建设工程而向银行等借入的短期与长期的款项，应付及预收款项包括高校应付职工薪酬、应付票据、应付账款、其他应付款和预收账款等款项。修订了“应缴款项”的内容解释，根据国库支付改革和社会改革的新要求，增加了“应当上缴国库或财政专户财政的资金、社会保障费”方面的内容。

（2）增加了负债风险控制管理。高等学校应当建立负债的风险控制机制，规范和加强借入款项管理，严格审批程序，具体办法由财政部门会同主管部门制定。

9. 关于其他内容

“财务清算”没有做多少修订，主要规定：“分立的高等学校，资产按照有关规定移交分立后的高等学校，并相应划转经费指标。”“财务报告与分析”基本没有修订。“财务监督”规定了监督的主要内容：“对预算编制、财务报告的科学性、真实性、完整性及预算执行的有效性、均衡性进行监督；对各项收入和支出的合法性、合规性进行监督；对财政拨款结转和结余的管理情况进行监督；对资产管理的规范性、有效性进行监督；对负债的合规性和风险程度进行监督；对违反财务规章制度的问题进行检查纠正等。”

三、高校财务人员

（一）高校财务人员的现状简析

随着当前高校财务管理体制的改革与发展，学校对财务人员政治素质、业务素质的要求越来越高，目前还有很多高校对财务人员的要求并不高。很多高校把博士、硕士学历当作招聘教师的重要标准，但是对于财务人员的招聘却很少有这样的硬性规定，甚至很多高校的财务人员是教师家属或子女。部分高校对财务人员的素质培训重视不够，财务人员整体素质不高，较难适应新形势下的高校财务管理工作，主要表现在以下三方面。

（1）忧患意识不够，服务意识不强。许多高校都反映财务“门难进、脸难看、事难办”。高校的财务部门是学校的重要部门之一。学校的建设经费，各教学部门、职能部门的业务经费，教师的科研经费，都要经过财务人员审核、记账，可以说财务工作控制着学校的经济命脉。而财务人员对自己的位置摆不正，服务意识不强。财务人员不少属于“博士后”“教授后”或“领导后”，工作相对稳定，很少发生辞退、下岗等现象，财务人员安于现状的较多，对高校的发展缺乏忧患意识，对自己降低要求，也缺少竞争意识等。

（2）学习与工作的主动性不强、业务素质不高。随着经济和信息技术的发展及高校的扩建与扩招，财务工作由原来的单一性变为复杂性，对财务人员的业务要求也越来越高。许多高校财务人员的工作仍局限于过去简单的操作、核算；对现代财务管理理论及先进的会计核算方法、计算机网络知识等新理论、新知识不积极主动学习，不及时更新；思想落后，工作效率不高，思路不开阔，财务工作缺少创新。这样的情况已不能适应高校高速发展的要求。

（3）学校重视不够，财务力量不足。高校财务人员来源渠道不同，有的高校对财务工作认识不足，造成大量的非专业人员到财务部门工作，有的高校甚至把财务处当成解决家属就业问题的工作站。即使财务人员不足，也不招聘专业人员，等着安排引进人才的家属。有的财务人员学历低、业务面窄、对新业务了解少，财务人员素质参差不齐；有的不注意及时补充专业知识；有的年龄结构及知识结构比例不协调。有的高校没注意到财务队伍的梯队发展，没有财务人员发展的长远规划。

（二）高校财务人员的综合素质要求

会计的专业技术性很强，政策性也很强，对会计人员的基本要求：热爱本职工作，严守职业道德；认真执行国家财经政策、法令，熟悉财经制度；积极钻研会计业务，精通专业知识，掌握会计技术方法，遵纪守法，坚持原则，执行有关的会计法规，维护国家利益，抵制一切违法乱纪、贪污盗窃行为，要勇于负责，不怕得罪人，不怕打击报复；身体状况能够适应本职工作要求。笔者认为，一位合格的高校财务人员，至少要符合以下三点要求。

1．掌握并能运用高校财务的基本理论和基本知识

掌握并能运用高校财务的基本理论和基本知识是科学理财、依法理财的基本必备条件。以会计核算为例，主要有以下三方面的内容。

（1）领会高校财务的基本假设。会计主体假设，其基本要求是严格区分会计为之服务的特定主体的经济活动和其他特定主体的经济活动的界限；持续经营假设，其基本要求是按照公认的原则和制度的要求，对学校活动进行连续的记录、计量和报告，并且会计要素的计价应当按正常的秩序、方法进

行；会计分期假设，其基本要求是会计核算应当按会计期间分期结账和编表；货币计量假设，其基本要求是必须确定一种货币作为记账本位币。

（2）熟练掌握高校财务信息质量基本要求。客观性，这是会计核算的最基本要求，即内容真实、数字准确、资料可靠；相关性，即有用性，能满足领导及有关管理方面的要求；可比性，既要求横向口径一致，也要求纵向的前后一致（一贯性）；及时性，要求及时收集、及时加工、及时传递；明晰性，要求简明扼要、便于理解；修正的权责发生制，即以权责发生制为核算基础，辅以收付实现制；配比，要求收入与费用在项目与期间上的一致性；专款专用；重要性，包括数量金额、性质意义。

（3）熟悉并关注高校财会制度的主要内容及其政策变化。会计制度主要内容包括：资产的核算、负债（含代管款项）的核算、净资产的核算、收入（财政补助收入、上级补助收入、教育事业收入、科研事业收入、其他收入等）的核算、支出（教育事业支出、科研事业支出、其他支出等）的核算。财务制度主要内容包括：预算的管理，收入、支出和结余及其分配的管理，专用基金的管理，资产、负债的管理，财务报告和财务分析，财务监督，财务清算。

2. 了解并熟悉校内外情况及理财环境的变化

（1）了解并熟悉校外环境及其变化的具体内容。

1）经济全球化的影响。随着国际经济、政治、文化和教育等方面交流和合作日益频繁，高等教育作为服务贸易将面临激烈的竞争，从而给高校带来根植于全球化背景中的创新理财理念、财务管理理论和方法，进而推进高校各项事业发展的挑战。

2）知识经济和信息社会的发展。目前，高校财会工作已推行了电算化、网络化和信息化管理，使传统的财会工作逐渐演进到网络财务时代。知识经济和信息社会的发展为创新型人才培养基地的高校带来了难得的发展机遇，也给高校财务管理提出了具有挑战性的难题。

3）高等教育体制的改革。随着社会主义市场经济体制的建立和完善，我国的高等教育体制由政府对高校实行高度集中的管理体制逐步发展成为政府宏观管理、学校面向社会自主办学的体制。这不仅为高校开展财务管理活动提供了条件，也对高校财务管理提出了诸多挑战。尤其是国家“十二五”教育规划规定，今后我国高等教育的发展任务将定位在以全面提高质量为重点，更加注重提高人才培养质量、提升科学研究水平、增强社会服务能力，特别要求高校教育优化结构办出特色。这就要求高校财务及时调整财务管理目标和保障重点。

（2）了解并熟悉校情及其变化的具体内容。

1）了解学校所在省市社会经济发展的现状和趋势。

2）熟悉学校的基本情况：历史背景、学科专业优势和不足、资产和人员状况以及财务基础等。

3）了解学校教学及科研活动：教学和科研业务流程、教学业务活动全貌等，只有熟悉情况，才能真正了解教师与学生的需求，才能针对不同的情况提供优质及时的服务，提高管理和服务水平。

3．具备较高的职业道德与专业素养

笔者认为，三种人不宜在会计行业发展：第一种是对钱的欲望太高，也就是说，一看到钱就激动的人；第二种是对数字没感觉，也就是说看到数字就头晕的人；第三种是对主营业务不熟悉，也就是说，对单位的基本业务一问三不知的人。财务人员对财务职业要热爱，对钱财要淡泊，对数字要有兴趣。财务人员应具备的职业道德与专业素养如下。

（1）思想政治修养和财会法制观念。财务岗位辛苦、枯燥，往往待遇不高，这就需要财务人员加强自身道德修养，端正世界观、人生观和价值观，这是高校财务人员做好财务工作的前提。现在的会计不是简单地算算账、记记账、管管账的会计角色了，已越来越多地参与到学校的各项管理当中。财务人员要守法遵章、讲原则。会计职业的特点要求财务人员坚持原则，依法履行岗位职责，自觉抵制违法乱纪行为：不违法办理财务事项，不伪造、变更或隐匿、故意销毁财务凭证、财务账簿，不编制、提供虚假财务报告。

（2）职业道德和诚信教育。没有对财务事业的热爱和奉献是很难做好财务工作的。根据财政部的规定，会计职业道德包括“爱岗敬业、熟悉法规、依法办事、客观公正、搞好服务、保守秘密”等。真实、公允是财务职业判断的基本准则。尤其是当法律法规无明确规定时，财务人员能够筑牢防线，自觉抵制各种利益的诱惑，并且不受权势和偏见的影响，确保通过会计职业判断所产生的财务资料能客观、公允地反映高校一定时期财务运行状况和事业发展成果。

（3）职业判断和职业沟通能力。虽然财务人员不是专门的公关或营销员，但有些涉外业务活动是需要财务人员参与的，如和金融机构、审计部门、财政部门发生关系等，除将学校情况和财务状况以适当方式反映给相关部门外，还要靠财务人员的职业判断，本着诚恳的态度对相关财经政策深入理解和通俗阐述，积极配合相关部门人员，顺利完成工作任务。

（三）充分发挥财会人员在高校管理中的作用

（1）在工作中严格执行国家财经法律法规，充分发挥财会人员维护财经纪律的作用。财会人员应结合学校实际，建立健全财务管理制度，根据《会计法》和《会计基础工作规范》的有关规定，依法有序地开展会计工作，并加强财经法律、纪律的广泛宣传。

（2）努力做好本职工作，立足岗位，发挥财会人员在财务管理中的主体作用。财会人员要立足本职，扎扎实实地做好各项财务工作；积极完成省财政厅、省教育厅布置的有关工作；努力做好年度预算、决算等各类报表编制工作；做好票据管理及非税收入收缴的日常工作：建立健全学校（单位）财产管理账目，定期核对资产账物情况；做好学校交办的其他财务事项等。

（3）加强财务分析工作，为学校领导决策提供有用的经济信息。财会人员是财政政策的贯彻执行者，承担着加强经费管理，规范会计行为，保证会计信息真实、完整的重要责任。财会人员应着力实现由传统、被动报账型向现代、主动管理型的转变，做到既会记账，更会算账、用账。财会人员要结合本职工作对会计信息加强分析，定期或不定期地向领导提出合理化建议，为领导决策当好参谋和助手，提高资金的使用效益。

（4）切实保护财会人员的合法权益。高校应加强财会人员的培养和考核，鼓励、吸引、保持优秀人才从事财务工作。高校应将财务岗位确定为重要的专业技术岗位，财务人员专业技术职务津贴与教学人员专业技术职务津贴标准一致，并将财务队伍建设纳入学校人才队伍建设的整体规划。高校应支持和尊重财会人员依法行使工作职权，对财会人员反映的有关损害国家利益、违反财经纪律等问题，要认真及时地调查处理。如果出现对财会人员坚持原则、反映情况进行刁难、阻挠，甚至打击、报复等行为，学校将会同有关部门依法对其严肃处理。

第二节　新时期高校理财环境的变化及应对

随着我国市场经济体制的建立和完善、教育体制改革的不断深入与教育市场的对外开放，高校理财环境正在发生深刻变化。一方面，我国高校正处在着力提高高等教育质量，努力增强高校科技创新与服务能力的重要时期；另一方面，高等教育体制改革的目标是要通过现代大学制度的建立，逐步建立政府宏观管理、学校面向社会自主办学的新体制。高校财务工作是高校所有工作的基础，是高校提高教学质量、提升工作效能的保证，是保持高校稳定发展的关键。因此，进一步加强地方高校财务管理，尤为重要和迫切。

一、高校理财环境变化简析

（一）校外理财形势的基本估计

（1）国家有关高校的外部形势。随着我国市场经济体制的建立和完善、教育体制改革的不断深入与教育市场的对外开放，高等教育体制改革的目标是要通过现代大学制度的建立，逐步建立政府宏观管理、学校面向社会自主办学的新体制。市场经济的竞争机制已延伸至高等教育领域的方方面面，包括学校与学校之间、学校与社会企业之间都存在着激烈的竞争。同时，随着财政体制改革的深入，按照公共财政的要求，将逐步集中财力办好重点高校的重点项目和加大对基础教育的投入。此外，多种所有制高校数量大幅增加，推动高校财务管理向国际化方向前进。

（2）高校有关发展和管理的内部形势。一方面，近年来随着高校办学规模的不断扩大，高校资金问题日渐突出、经济活动日益复杂；另一方面，建立高校的多渠道的融资体制已迫在眉睫，并且国家财政补助占高校经费总额的比例呈现逐年缩小的趋势。此外，高校发展模式正在由外延式逐步走向内涵式。这些无不表明高校财务管理的内涵与外延正在发生变化，客观上对高校财务工作提出了更高的要求。

（二）校内理财环境的主要变化

（1）筹资结构的不稳定性增强。学校在实现规模持续扩大的同时，自我筹资能力得到了不断加强。然而，政策性因素仍然对筹资起着主导作用，尤其是按民办新机制运作的独立学院，直接推动了不少高校“蛋糕”的做大。但是，一旦几年后生源缩减，首先受影响的便是这些独立学院，部分高校招生出现预期的“拐点”，从而导致这些高校筹资政策势必面临调整，筹资结构的不稳定性将会更加凸显出来。

（2）高校管理决策信息有用性需求趋强。一方面，高校在缓解规模扩大与内涵提升的双重压力、推进现代大学管理制度与防范财务风险有机结合的进程中，财务管理的复杂性、综合性、精细度进一步加深；另一方面，财务部门提供的财务信息，难以为高校面向未来的重大战略决策及时提供必要的信息支撑。高校面临纷繁复杂、纵横交错的校内外利益关系，亟待完善管理运行机制，对财务信息的管理决策分析需求比以往任何时候都强烈，要求财务信息从可理解性尽快向决策有用性扩展的趋势正在加快。

（3）高校债务化解压力较大。伴随着外延发展带来的繁荣，高校建设性、发展性债务规模与日俱增，有的甚至已明显超出偿债能力。现在问题的关键是，高校维持正常运转已实属不易，或者说很困难，根本考虑不了偿债，单靠学校的力量很难化解债务。教育收费具有非营利性、政策性和成本补偿性的显著特征使高校收费政策调增有限。尽管对非义务教育阶段的成本分担早已在全社会达成共识，但相关分担主体对成本分担份额意见不统一。

（4）财务管理模式转换需求加大。由于高校所处区域的经济社会发展水平不同，高校的发展将不再是相对均衡式、趋同化发展。目前有不少高校尚未步入内涵发展的轨道，尚需 2～3 年的转型期或者调整期。财务管理目标与学校发展目标是高度一致的，与学校所处的发展阶段相适应，有的高校财务管理可能会较低效与粗放，更多地注重投入和筹资；有的高校财务管理则会趋向内涵和精细，更多地讲求办学效益。由于校情不同，各校财务管理模式会存在诸多差异。从很多所在地市的高校来看，伴随着办学规模的扩大，不仅财务运行规模持续扩大，财务管理职能也在不断拓宽，财务管理战线越拉越长，财务管理边界越来越模糊。与此同时，财务管理内涵提升速度缓慢，财务管理面的拓展与点的深入长期脱节，校级财务长期处于疲于应付的状态，对一些深层次、趋势性问题缺乏前瞻性的思考和研究，财务管理模式难以及时转换。

二、加强地方高校财务管理的对策

高校理财环境变化的情况对高校尤其是地方高校的财务管理提出了新的问题和要求，需要高校主动应对。在新形势下，如何进一步加强地方高校财务管理工作，已成为地方高校财务人员面临的一个崭新而现实的课题。笔者认为，进一步加强地方高校财务管理，要正确处理好以下四个关系：保障事业发展与防范财务风险的关系、统管和分权的关系、财务管理与会计核算的关系以及管理与服务的关系。

（一）突出防范财务风险的理财思想

1．学校要转变发展及管理观念

一方面，学校上下要提高对财务的认识。尤其是领导要充分认识到高校财务工作是学校所有工作的基础，是学校提高教学质量、提升工作效能的保证，是保持高校稳定发展的关键。作为学校财务管理综合职能部门，学校财务部门不是单纯地提供后勤服务，而是整个学校教学和科研工作的保证；不是单纯地进行记账报账，而是重大经济事项决策的基础，在学校资源配置中起决定作用；不是单纯地管理经费收支，而是学校资产、资金安全的守护者。高度重视高校财务管理，既有利于完善学校的内部管理制度、降低办学成本、提高办学效率、有效降低筹资成本，又可促进学校资金运用的科学化、投资决策的民主化，也可拓展学校资金管理和运用的新思维。

另一方面，学校发展要切实贯彻科学发展观。学校事业发展是高校各项工作的出发点和目标所在，财务工作为学校事业发展提供资金保障是应尽的义务，但前提是学校事业的发展一定要切实贯彻科学发展观的要求，把国家政策、行业发展水平和学校具体情况有机结合起来，把学校短期目标与长远发展有机结合起来，把经济利益与社会效益有机结合起来，在此基础上形成切实可行的发展规划，并且能够坚持不懈地实施规划，切忌盲目、随意。

2．学校财务管理要努力做到“尽力而为、量力而行”

（1）正确理解“尽力而为、量力而行”。学校财务部门在规划的制定和实施过程中要保持清醒的头脑，发挥应有的作用，要充分考虑学校可能的经济实力和潜力，切实贯彻“既要尽力而为，又要量力而行”的基本原则。

“尽力而为”就是通过多方筹资、适度负债、挖掘潜力、加强管理等方面提高学校总体经济实力，尽全力支持学校的发展。这就要求财务人员在参与经济决策时，对于在风险可控下促进学校健康发展的项目加以保障，做到保障有力、服务优质，学会当“抓钱手”。

“量力而行”就是要按照国家财经方针政策和法规的规定，在可控的范围内，合理安排学校发展所需各项支出的规模和结构，努力控制学校的财务风险，使学校事业能够健康顺利的发展。这就要求财务人员在参与经济决策时，对于超出财力且风险不可控的项目要勇于、善于说“不”，学会当“拒绝专家”。

（2）确保经济秩序正常、资金安全、财务风险可控。学校的经济秩序正常是保证高校可持续发展的前提条件之一。近几年由于社会环境的变化、利益驱动和法制观念淡薄，学校发展出现了一些不正常现象，如乱收费、增加个人非正常收入、账外账、“小金库”、无偿占用学校设施等，给学校造成了损失。学校可以从机制和体制、规章制度的严格执行上狠抓落实，防范风险，把一切经济往来纳入学校财务循环中，保证教学、科研、生活的正常运行，保证资金的运行安全。同时，学校要从微观和宏观两方面采取措施，如在微观方面，以资金流向为依据，保证每个环节不出现问题，主要表现为不相容业务，分离、互相制约，事前审核、事后稽核，独立对账，档案管理单向流动，不定期查库，资金调度额度负责制等。

3．学校资金管理要突出内控制度的完善，有效防范资金风险

（1）学校应建立健全以内部控制为核心，以大额资金流动集体决策、常规资金支付授权审批和银行对账单财务及审计部门负责人“双签制”等为重点的资金安全管理制度，明确相关人员的责任，确保资金的安全完整。

（2）学校的重大投资（包括对校办产业投资）必须经过严格、科学的可行性论证和专家评议，经学校领导集体讨论决策。学校应指定责任部门和责任人加强各投资项目的管理，确保投资的安全与合法收益。

（3）学校不得从事股票投资和其他风险性债券投资业务。

（4）学校要切实加强银行贷款管理，强化贷款风险意识，合理控制贷款规模，改善债务结构，规范贷款投向，做好还本付息计划。

（5）学校要建立健全经济合同管理制度，明确经济合同的签订权限和程序，加强经济合同管理。学校财务部门应负责经济合同的审查（有关经济条款）、登记、备案等管理工作，提供相关咨询服务，防范由合同引发的经济纠纷和财务风险。

（6）严禁学校为任何组织（含校办产业）或个人的经济活动提供担保。

（二）坚持集中管理为主的财务体制

1．加强领导与管理

按照“统一领导、集中管理”的要求，切实履行对财务的领导和管理的职责。

（1）学校要确保“五个统一”。高校必须确保学校财务规章制度、经济分配政策、经济资源配置、财务收支预算、会计核算的高度统一。

（2）学校要建立和完善“三大制度”：对重大问题集体决策制度、专家咨询制度和决策责任追究制度。具体来说，凡学校重大经济决策、重大投资（融资）项目以及大额资金使用，必须组织相关专家进行科学论证，经学校财经领导小组研究后，提交学校最高决策机构集体讨论决定。

（3）学校财务部门要发挥“三大职能”。财务部门作为负责学校财务管理的综合机构，要在校长和分管校领导的领导下，参与学校财经决策的讨论和有关规定制定工作，对学校各类经济活动实施管理、核算和监督。

2．加强监管

按照“大财务”实行委派制，切实履行对学校各级各类财务的管理与监督。

（1）积极推行委派制。高校应把二级单位的财务活动置于严格监管之下，防范违纪及腐败问题的发生。目前推行委派制的单位主要是独立核算的后勤服务中心及独立学院等。

（2）谨慎处理在探索校内二级管理改革时的财权问题。一定要维护学校财务管理和会计核算的集中统一，有效防范因财权分散导致学校经济秩序出现混乱的局面。同时，也要把利益关系朝着有利于二级单位的方向予以适当的倾斜，以支持二级单位在开展工作时有可供支配的财力资源。

（3）按照管理层次，理顺管理关系，构建多层次的经济责任体系。高校必须按照学校管理层次，分别建立各部门、各单位行政负责人的经济责任制，以及各级财务主管、财务人员的经济责任制，构建多层次的经济责任体系，将财经工作的任务和责任层层分解，落实到校内各部门、各单位直至个人。同时，按照经济责任制的要求，对因管理不善、控制不严等造成经济损失的有关人员依法追究相应责任。

（4）增强创新意识，探索建立注重效益及节约的财务运行机制。具体有如下要求。

1）在学校内部经济管理中，可适当引入市场机制，优化资源配置，促进资源共享，提高资源利用率。但是，要注意处理好学校办学与市场的关系，尤其处理好经济关系，不能只考虑市场规律因素，也要考虑社会稳定、人才培养等方面的因素。

2）应根据财权与事权相结合的原则，探索建立与目标、任务、绩效挂钩的资源分配机制。

3）应合理分摊公用设施的运行成本，建立资源有偿使用的成本分担机制，减少资源浪费，降低办学成本。

4）应严格执行国家收入分配政策，不断完善内部收入分配制度，改革收入分配管理办法，实现内部收入分配制度的科学化、规范化。

5）应建立绩效考核和追踪问效制度，提高资金的使用效益。

（三）算管结合，算为管用

财务管理和会计核算是高校财务工作的两个重要组成部分。会计核算是财务管理的基础，财务管理的效果也只有通过会计核算才能得到体现。学校财务部门对此一定要有明确认识，要做到算管结合，算为管用。

1．以预算为重点，融预算于算管之中

（1）财会部门应根据学校事业发展需求和综合财力水平，编制中长期财务收支计划。学校的事业发展规划必须与财务收支计划相适应。

（2）财会部门要根据“量入为出、收支平衡、积极稳妥、统筹兼顾、保证重点、勤俭节约”的原则（简称预算“二十四字”原则）编制年度财务预算。学校各项事业活动所发生的财务收支都应纳入预算管理的范围。学校执行的年度预算应与主管部门批准的部门预算在收支口径上保持一致。预算执行的责任应分解到校内各部门、各单位。预算的调整必须按规定程序进行。

（3）学校的各项支出应做到有预算安排、有支出标准、有制度依据，严禁无预算、超预算支出（简称支出的“三有二禁”）。

（4）财务部门应加强预算执行的控制与分析，提供完整、准确的财务信息，为主管部门和学校加强财务管理提供可靠依据。

2．充分利用会计核算信息为学校管理服务

高校会计核算要在满足政府部门要求的前提下，围绕学校各级管理层的要求开发会计信息资源，并充分利用信息化的手段提高校内会计信息提供的规范性、准确性、及时性和针对性，要引导、培养校内各级管理人员利用会计信息，从而提高决策的科学性。

财务部门要利用会计信息发现学校在资金分配和资源利用方面存在的问题和不足，尝试对内部各教学、科研单位的运行成本进行测算，并在学校资金分配和项目安排中适当体现测算的结果，引导、鼓励和支持校内各单位减少资源浪费，节约办学资金。

（四）寓规范管理于优质服务中

1．加强思想教育，重视“报账难”问题，增强服务意识

财会人员有了强烈的服务意识才会在日常财务工作中自觉地做出服务行为，为学院提供高质量的服务。财会人员要在其思想深处真正形成服务是学校财务工作的重要内容，从而促进其产生服务的动机，自觉地做出服务行为。

（1）高校“报账难”主要表现。报账难可概括为“三难两烦”：“票据本身‘不行’退回以致到处找票，难”；“程序性手续‘不行’退回以致重新找领导签字，难”：“个别财务人员‘神’气足以致见到微笑，难”；“资金来源或部门间衔接问题使得屡次报不到账，烦”；“因强调‘本本’（本制度、本部门）的多而为师生考虑得少，烦”。

（2）“报账难”给学校带来的危害。高校财务人员应该高度重视“报账难”给学校带来的危害：第一，长此以往，会阻碍、制约教学和科研活动的积极开展。财务部门如果没有主动服务与监控意识，必然形成官僚作风；形成事不关己、不闻不问的工作态度；坐在办公室，抱着制度，不问青红皂白，不顾客观环境的变化，势必在激烈的竞争环境中丧失许多优质资源，阻碍、制约教学和科研活动的开展，最终影响学校发展。第二，与学校目前所处的环境不符，不利于学校办学效益的提高。财务人员对教学和科研业务的发展不管也不问，当然也就没有服务。这样极不利于财务部门的财务监督工作，长久积累的矛盾和问题最终要爆发出来，那时给学校造成的损失就无法挽回。

（3）“报账难”的主要原因。“报账难”现象，从表面上看，是资金或程序手续的问题，从根本上看，是服务的问题（意识和水平）。它与以下诸多因素有关：第一，财务机构与人员方面包括思想及服务意识问题、业务水平问题、服务方法与方式问题等；第二，财经工作本身及制度方面包括财经工作的政策性与技术性要求、财经制度本身需要完善与修订、制度体现服务理念等；第三，教职工方面包括对财经法规不熟悉、对财务工作不理解等。

2．加强业务学习，提高财务服务水平，建设学习型团队

高水平的服务来自高水平的业务知识，来自娴熟的业务处理能力。财务

人员一定要有吃苦耐劳的精神，不要怕做事，要珍惜每个工作机会，每一项工作都是一个学习的机会，多做才能从工作中学习新技能、新方法，才能积累丰富的工作经验，促进专业知识水平的提高。

要推进团队式的学习，提升创新的能力。学习是一个人的一种生存方式，是挖掘人的身体潜能并促进人自身全面发展的最好工具和手段。团队式的学习不仅仅是传统意义上的学知识，而是提升创新的能力。学习使团队进步，而进步就体现在能把工作做得更好，能做过去所不能做的，创造过去所不曾有的。

3．“以人为本”，加强科学管理，增进服务效果

“以人为本”是科学管理的灵魂。高等教育体制改革不断深入、学校内涵发展、管理模式不断创新，对财务工作提出了更高的要求。目前，大部分地方高校正处在财务紧张期，也是偿还债务的高峰期，更是诉讼高发期。同时，也是学校发展的转型期，不仅涉及发展方向的转型，也涉及发展方式的转型，对财务人员更新观念及提供高效的服务提出了更高的要求，也是对财务人员的考验和挑战。

（1）做好及时服务，通过改革报账程序等实现便捷服务。在教职工报销教学、科研费用时，无论何种原因均要及时受理，不拖、不等、不推，做到该办的事坚决办，能办的事主动办，难办的事，只要合法、真实，就要想法办；不合法、不真实甚至是损害学校利益的事坚决不办。各院部报账员、教师、学生进行对账，财务人员要热情、及时、准确地提供服务；对教学单位的汇款、转账，做到及时办理，尽量减少中间环节，提高办事效率，缩短办事周期，尤其是财务人员要经常检查服务流程是否适合当前学校管理的需要，改进服务流程，减少服务环节，把可以放在事后进行的工作放在提供服务后再进行，使被服务对象等待时间减少，提高服务效率。在合法合规的条件下，帮助广大教职工办理一些相关的中间手续，节约他们的报账时间，形成快捷服务通道。同时，财务服务要梳理轻重缓急，根据实际情况，急事先办，不紧急的事后办；重要的事先办，不重要的事后办；学校外部的事先办，内部的事后办：对外服务的工作先做，自己的工作放在后面，提高服务效果，提升学校形象。

（2）贴近教学及科研，通过完善制度提供主动服务。一位不熟悉教学和科研业务的人，不能算是一位真正称职的高校财务管理工作者。财务人员要及时梳理业务流程，并设计相应的财务监控流程，以促进业务及时拓展，必

须适应教学、科研业务发展的步伐，顺应业务发展的需求，而不是制约业务，业务做到哪里，财务必须跟到哪里；对新出现的业务运作模式应积极配合业务部门，及时跟进、了解，并设计业务运作流程和财务监控流程：对制度中不适应的条款，及时与业务部门沟通、修订，以促进教学、科研业务及时规范地开展。这样既可以大力支持、促进教学及科研活动积极有效地开展，提高办学效益，又可以充分发挥财务人员主动服务、积极监控，起到促使业务规范发展、减少学校管理漏洞的财务监督作用，达到“管算结合、算为管用”的目的。

（3）改进服务方式，让员工参与到服务中来。加强对各业务部门、基层单位报账人员财务基础知识的培训，经常对员工宣讲相关法规和学校财务制度规定，让他们懂得《会计法》《中华人民共和国票据法》（以下简称《票据法》）、《现金管理暂行条例》《支付结算办法》及高校相关财务制度等有关规定，了解掌握报销、结算等办事程序，提高其提供原始凭证的准确率，减少票据因不合规定而被退回的情况，节约各自的时间，增进服务的效果。

4．融监督于服务中，加强专业判断，实现原则性和灵活性的统一

（1）财务监督的原则性和财务服务的灵活性的关系。财务监督的原则性是要求财务人员严格执行财务制度，执行财务纪律，维护学校利益。财务服务的灵活性，就是财务人员在提供财务服务时，对照财务制度，加强专业判断，充分把握事件的实质。在把握原则的前提下，财务人员具体情况具体分析，做到既不失掉原则性，又能保证提供灵活、及时的服务。原则性在财务管理中占主导地位，灵活性不能影响原则性，这是基本的要求。

（2）坚持原则性和灵活性的统一是对财务人员的要求。坚持原则性和灵活性的统一是财会人员的目标。财会人员要达到这一点，一定要加强学习和培训，加强对财务制度的熟悉、研究，以学校利益最优化为判断标准，利用专业知识进行正确的、专业的判断，把握事件本身的实质，做到既讲原则，又兼顾灵活，努力把握好原则与灵活的尺度。在实际工作中，尤其要做到既不随便说“不”，又不轻易言“行”；既要防止态度上的应付，又要避免方法上的简单。

（3）端正心态，加强沟通，取得谅解。这是由财务工作特性所决定的。财务部门是学校财务把关的职能部门。学校教学、科研、管理活动的结果最终在财务上反映，任何部门的一些问题最终都体现在财务上，都与财务监督、

财务服务有关系，都会关联到财务部门的责任。财务工作是大量重复的工作，稍不注意就会出现差错。

财务核算工作有集中性。尤其在月末和月初工作量比较大，财务人员有时难免会造成服务不周全导致监督工作的不细致，但只要出于“公心”，坚持原则，热情服务，秉公办事，积极与各部门沟通、化解矛盾，就会得到他们的理解和支持。学校教学活动是财务核算工作的基础，做好财务服务和财务监督工作非常重要，既要严格监督、把好关，又要尽职尽责地为业务提供优质的服务。

5. 坚持勤俭办学的思想，建设节约型校园

（1）创建节约型校园对高校的发展建设具有十分重要的意义。高校工作者要发扬艰苦奋斗、勤俭节约的优良传统，以降低学校运行成本为目标，强化节约意识，建设节约文化，引导和规范在校人员勤俭节约，形成节约的良好习惯。学校要培养以成本核算为基础，以提高资源利用率为核心，以节能、节水、节材、节地和资源综合利用为重点的建设节约型校园新观念、新精神。

（2）让节约意识深入人心，让节约行为到处可见。学校要在招待客人、购车养车、购置物品、会议办公等各方面实行节约，要从决策、管理到基建、后勤、行政事务、实验室设备、房产等各层面各系统实行节约；要采取有效措施，大力加强资源的节约和循环利用，严格控制能源消耗和运行费用支出，严格控制校园建设标准，要把节能指标列入校内各部门绩效考核评价体系之中。

（3）不断完善专项经费管理。学校所有项目经费必须按照批准的项目和预算执行，专款专用，单独核算，按时完成项目任务，确保项目目标的实现；要严格执行政府采购制度和招投标制度，做到采购行为规范透明、采购程序科学严密，有效节约办学经费，并从源头上防止腐败，积极推行专项经费绩效管理。

第三章　高校内部各项财务管理

第一节　高校会计基础工作管理

当前高校规模越来越大，资金越来越多，精细化程度越来越高，相应地，会计信息的及时和准确提供就非常关键，那如何才能保证会计信息的准确和及时呢？本章针对当前我国高校会计基础工作中关于经费报销及审核中存在的问题进行全面分析，提出了加强会计基础工作，统一报销审核标准，简化报销审批流程，规范会计业务处理，提升会计人员整体素质等措施，促使高校实现会计工作严守法律，报销简洁化，效率最大化，工作规范化的目标。

一、高校会计基础工作的现状

总地来说，当前我国高校会计核算整体水平较高，财务管理体制健全，机制灵活，校内财务规章制度及报销规定等较为全面，内部会计控制也较为规范严格，但涉及原始凭证的填制、取得、审核，记账凭证的填制，会计账簿的打印保管等较为具体的会计基础工作细节则极不理想，没有到得高校高管的高度重视。如原始凭证的取得和填制粗制滥造，导致原始凭证要素残缺不全，要么客户名称没有，要么开票人和收款人没有，要么开票日期没有；原始凭证粘贴不规范，订书针太多，导致凭证装订受影响，保存期内易腐蚀；报销单据填写潦草，内容杂乱无章，手续不齐备，导致返工较多，报销人意见较大，且会计审核费时费力，录入困难；会计人员把报销内容录入账务系统时摘要不规范，不精细，支出归类不统一，合并分录多，导致事后查询困难，支出归属科目混乱，导致统计填报麻烦；会计档案装订不及时，保管不规范，影响了会计资料的完整等。

二、离校经费报销存在的问题

在高校日常经费报销时，普遍存在下面情况。

（一）报销票据类型差异大

目前符合相关法律法规和高校财务报销规定的相关票据种类繁多，差异极大，有餐费发票、住宿费发票、出租车发票、停车票、电话费发票等定额发票。这些发票面额大小不一，有 1 元、2 元、3 元、5 元、10 元、20 元、50 元、100 元、200 元、500 元、1000 元等多种面值发票，且其大小不一；既有增值税专用发票，又有非增值税发票；既有商品销售发票，又有服务业发票；还有行政事业性非税收入收据，行政事业性资金往来统一收据；有机打发票，也有手工发票；更有不规整的手写收条等等。这些能够通过学校财务人员审核并给予报销的票据其取得方式各异，真假难辨，有确系经办人因公付费取得的发票，也有经办人无偿找来要来的发票，更有甚者是通过不恰当的途径取得各种假发票等等。

（二）报销票据填写不完整

在报销业务中经常存在报销票据要素填写不齐全，印章签盖不完整。不管是在机打的报销票据上，还是在手工开具的报销票据上，更不要说在定额餐费住宿费等发票上，客户名称绝大多数没有填列，开票人、收款人要么根本没有填列，要么就只写一个潦草的姓字，很少有完整的开票人、收款人全名；其次报销票据上应有品名、规格、单价、数量更是没有填列；更有甚者，报销票据上必须有的摘要也没有填列，而是在会计审核当场指出来了经办人才填上。另外在报销票据上我们还经常发现正规报销票据上缺少开票单位的发票专用章，还有的报销票据存在金额、摘要涂改现象。

（三）报销票据粘贴不规范

在经办人报销的票据中我们经常发现其票据粘贴极不规范，杂乱无序，各种单据混杂在一起，且大多使用易生锈易腐蚀的订书针装订报销票据。对于大小不一的报销票据，经办人经常不分大小、不分面额，不按次序，顺手粘贴在报销单据后面就到财务上办理报销手续。在会计审核时或由于审核会计的粗心大意，或由于审核会计的本身的凭证装档经验不足，并没有把粘贴混乱的报销票据重新粘贴，导致装订凭证时出现小头大肚且装订极不整齐的会计档案。按照会计基础工作规范的要求，报销票据必须附件齐全、粘贴规范才行。如学校各部门报销的出租车费（包括省外的）需要填列报销单、市内交通费汇总表和明细表，并将出租车票按面值由小到大并在每张发票之间“空半厘米”粘贴在粘贴单上，并列示各面值的张数和合计金额。

（四）审批单据镇写不规范

在会计现场进行报销审核时经常发现经办人用于报销的审批单据填写较不规范。比较突出的就是经办人把各种报销票据混杂在一起，在审批单据“摘要栏”内只填“报销各项费用”或“报账”等字样，审批单据上“附件张数”基本没填，付款方式没有标明，经办人签名和金额大小写潦草难辨，报销票据上没有经办人的签字，涉及实物资产的，也没有验收入或证明人签字。经会计审核存在错误的审批单据在审核会计的指导下重填审批单据并完善相关手续时虽可沿用有领导审批意见的原审批单据，但在重填的审批单据上却没有注明“领导签字见附件”，也没有在原存在问题的审批单据上盖上“附件”印章，有时还出现重填的审批单据上的金额超过了原存在问题的审批单据上的金额。在会计审核审批单据时有时会发现金额大写错误或大小写不一致，审核会计为方便报销人就直接在错误处更改并加盖会计私章等不规范行为。

（五）审批单据审签不齐备

根据各高校财务报销规定，业务经办人填写要素齐备报销审批单据后，还必须根据各高校经费报销审批权限的规定逐级履行审签手续。但在日常会计审核中我们经常发现报销审批单据上相关领导审批签字并不齐备，经常是到财务部门排长时间队后会计审核时才发现还差某个领导或某个部门的审批签字，无法报销，只得再去找相关领导审批，费时费力。

三、高校会计审核及账务处理存在的问题

在高校会计人员日常进行报销审核和账务处理过程中，通常存在下列情况。

（一）审核标准不统一

虽然高校有明确的经费报销规定，但这些规定需要通过会计人员严格执行才能保证其规定所期望达到的效果。由于不同会计人员的理解偏差和执行偏差，导致相同的业务不同的经办人和不同的审核会计，其最终审核的标准存在差异，也即存在审核标准不统一的情况。有的审核会计执行非常严格，报销经费必须票据合法手续齐备才给予签字报销，而有的审核会计执行较为松懈，即便是报销经费票据欠缺部分内容也可通过审核。在会计审核时会出

现审核标准不统一，究其原因关键在于审核会计的整体业务素质、会计职业道德水平、会计业务处理技能高低不一，差异极大，自觉学习专业技术知识，学习新法律法规和更新知识的能力明显不足所致。

（二）审核速度差异大

由于审核会计本身的会计业务素质、审核经验、审核技巧、审核理解并不完全一致，从而出现会计业务素质高、经验丰富的审核会计审核速度快效果好，凭证录入准确及时，而业务素质相对较差并缺乏经验的审核会计速度慢效果差，凭证录入费力耗时。同时由于审核会计的个体差异也会导致审核速度不相同，性格急的动作麻利速度快，性格慢的动作拖延速度慢；心细认真的会计需要逐一审核，步步到位，而粗心马虎的会计则看个大概，草草了事。当然会计审核速度有时也会受经办人填列的审批单据审签情况及其所附票据的种类、粘贴等复杂情况的影响，有的审批单据填列规范手续齐备票据内容简单粘贴整齐标准，会计审核起来速度就较快；如果有的审批单据填列杂乱潦草且内容复杂，签批手续缺这少那，票据粘贴东倒西歪，会计审核时就得逐一告诉其应当补全的手续并重新帮其整理粘贴，这样审核速度就会很慢。

（三）账务处理不规范

由于高校不同会计人员素质不一致，对各项支出的理解不一样，个人观点差异大，再加上高校会计人员缺乏统一的账务处理技巧培训和费用支出归类详细标准，使得高校会计人员的账务处理相对不规范。

首先是支出归类科目不统一。如在同一所高校，其发放校外人员的课酬、讲座费、劳务费等，有的会计记入“咨询费”，有的会计记入“劳务费”等，有的会计记入“临时工工资”，有的会计记入“其他工资福利支出—其他”科目进行核算；如教职工报销的加班餐费，有的会计记入“公务接待费”，有的会计记入“办公费”，有的会计记入“其他商品服务支出”，有的会计记入“其他对个人和家庭补助”科目进行核算；其次是记账凭证摘要录入不规范。会计人员经常在摘要中随意省字、加字，复杂经济业务账务处理省略化，简单经济业务账务处理复杂化等造成经济事项反映不清晰的情况时有出现。

（四）票据流转保管乱

在高校财务工作中，我们经常发现各种票据流转无序，保管混乱的情况。经调查，高校各种报销票据的流程程序为：经办人按部门负责人的授权办理业务取得票据、经办人填列审批单据、部门负责人审批签字、财务负责人审批签字、财务部门审核、会计审核并填制记账凭证、出纳付款、票据移交稽核会计复核、票据移交档案管理岗位将其与对应的记账凭证粘贴在一起、档案管理岗位装订凭证并归档保管。但在上述流程中，每一个环节需要经过不同的人员经办或审批，且时间长短不一，从而导致有些票据在某个环节被随意乱放或混合，有些票据散落难以归位，有些票据夹在其他票据后面难以查找等情况，再加上经办人、审核会计或稽核会计随时翻阅票据，使得已报销票据流转保管有些混乱，票据损坏较大，甚至有些票据遗失。

四、规范高校会计基础工作的解决措施

会计基础工作规范化不同于一次性的财务检查或其他专项检查，而是一项常抓不懈的工作，不能有丝毫的疏忽和大意。针对当前高校会计基础工作中存在的原始凭证要素残缺不全、粘贴不规范，报销单据填写潦草，手续不齐备，记账凭证摘要不规范，不精细，支出归类不统一等情况，高校应当注重会计基础规范工作，健全规章制度，加强凭证管理，规范账务处理，提升会计人员整体素质等才能不断完善财务管理，提高资金使用效益。

（一）健全规章制度，优化报销审批流程

高校应根据我国《会计法》《事业单位财务规则》《事业单位会计准则》《事业单位会计制度》《高等学校财务制度》《高等学校会计制度》《行政事业单位内部控制规范（试行）》及国家和学校其他有关规定，结合学校实际报销审批审核工作情况及广大教职工的要求，在不违反相关规定和内部控制的前提下，进一步完善学校财务管理制度、固定资产采购及管理办法、资金支出报销审批办法、内部控制制度、岗位责任制度、账务处理程序规范制度、票据管理制度、稽核制度、财务分析制度、会计信息处理和报告制度等，尽量减少审批环节，扩大高校所属学院等二级单位审批权限，优化审批流程，以期到达减少中间环节提高报账工作效率的目的。

（二）加大宣传教育，统一报销审核标准

财务部门必须把学校当前正在执行的有关规章制度、报销流程、报错标准、报销要求、票据常识、真假票据鉴别方法与技巧、填单标准、填单要求与注意事项等统一归纳整理，制作标准样本，印制成册，印发成文，或长期挂在财务网络平台上，或置放于报账人员伸手可及的地方，或分发到报账人员手中，重点解决报账人员报销无标准、无参考、无样本、无查阅等“四无”现象。

其次，学校领导要高度重视，财务部门要切实做到位，大力开展财务报销知识宣传活动，定期举办财务报销知识讲座，报销知识竞赛，报销知识辩论、报销知识征文等活动，并且建议财务报销信息交流平台，及时发布各种财务规定和报销要求，交流报账心得体会，安排专人实时提供报账咨询等，着力解决报账人员无头绪、无意识状态，让报账人员清楚地知道报账的各项规定、标准及要求；让报账人员清楚报销必须具备的条件，必须履行的程序；让业务经办人在办理任何一项业务时都会有意识地质疑“票据合不合法，付现还是转账，财务审核能不能通过”等问题，确实解决业务经办人思想上不重视，认识上不全面，行动上不到位的混沌状况，使业务经办人全面理解和完全遵从财务报销的各项规定、要求，从思想上认识，行动上体现“学校财务部门经管的资金不属于任何个人，其取得、使用和支付必须符合法律的规定，必须履行必要的手续”。

最后，加大报销知识培训力度，定期举办财务报账人员培训班，并提供模拟实验，进行实做培训，着力解决单据填写不规范，审批手续不完备，报销要求不清楚，票据审核不过关等严重影响报账效率的问题。通过培训，不仅能让报账人员熟知财务报销规定、报销标准、报销程序、报销要求，还能让其自觉遵从并执行，更能让会计人员全面规范记账凭证的填制，统一支出归类具体科目，保证凭证填制的统一标准，支出归类的统一口径。

（三）注重归纳总结，规范会计账务处理

在日常会计报销审核和账务处理过程中，我们应当注重归纳总结，把工作中经常碰到的疑难杂症集中起来进行归类整理，统一处理标准和审核口径，以保证会计信息的准确和及时。在各部门业务经办人报销各项经费时，会计人员对其取得或填列相关报销审批单据时应当指出具体的要求和建议以及各种明细。

（四）加强档案管理，提升会计整体水平

会计档案是高校开展经济活动结果的载体，是全面反映高校教学科研活动经济效益的全过程的唯一依据，更是反映和评价会计人员会计责任履行情况、专业能力和工作业绩的最有说服力的依据，既能为我们重现过去、评价过去教学科研活动效率效果提供了依据，又为我们开创未来提供了重要的平台和参考，因此必须加强会计档案管理，从原始凭证的取得、记账凭证的填制、装订、会计账簿的登记装订、会计报表的填报及保管，每一环节每一项目都要制定科学规范的会计档案管理办法或措施，特别是对会计档案装订的标准、时间，保管的地点、人员、期限等应制定更加严格的标准和安全的保管环境，如装订记账凭证时必须使用专用的凭证封面封皮，按照规定的装订方法整齐装订，在封贴处加盖会计人员印章，并把封面上的有关内容逐项填写齐全，最后按由小到大的凭证序号和月份顺序装入会计档案盒，建立会计档案卷内目录后完整归档，这样才能防止原始凭证散落或遗失，才能保证会计档案的规范、整齐，才能提升会计基础工作规范化水平。

高校会计人员作为国家及学校财经法纪最忠实的执行者和守护者，作为教育资金安全最有力的保障后盾，作为高校教育资金使用支付的最后一道牢固防线，其整体素质、综合素质、职业道德素质等的高低，会计理论知识水平和账务处理技能等的高低对高校会计基础工作规范化起到至关重要的作用，因此高校应当建立健全德才兼备、任人唯贤的选人用人机制，注重培养一批高素质专业化的复合型会计人才和会计队伍。

总之，会计基础工作规范化是高校一项常抓不懈的常态化工作，贯穿于整个高校经济活动的全过程，需要通过广泛的、不同形式的、长期重复的宣传、教育，取得全体师生员工的理解和支持，并自觉遵守和密切配合，才能保证会计资料的合法完整，才能保证会计信息的准确及时，才能促进高校健康可持续发展。

第二节　高校资产管理

在激烈的市场竞争和科学技术突飞猛进的知识经济大潮中，我国高校的健康发展已成为整个社会经济发展的助跑器，成为第一生产力最牢固的基石，是关系国计民生的重大战略。而健全高校财务管理体制，完善高校财务管理运行机制，提升高校财务管理水平和服务质量，是高校为社会培养高科技人才，培养第一生产力合格接班人，充分发挥其助跑器作用，实现“教育强国，科技强国”的关键。随着全球经济一体化和知识经济全球化，以及我国财政体制改革的全面深化，我国高等学校发生了天翻地覆的变化，实现了非常规的跨越式发展，同时也面临前所未有的挑战。在资产管理方面，我国大部分高校就忽视了资产管理在高校可持续发展中的关键作用，资产管理制度残缺不全，管理手段落后，管理水平不高，资产重复购置多，闲置浪费多，资产使用效率和效益低下是当前我国大部分高校资产管理中存在的突出问题，严重阻碍了我国高校的快速健康可持续发展。因此对高校资产管理进行全面改革，健全既能适应知识经济发展需求，又能促进教学科研事业发展的高校资产管理体系、办法和措施已成当务之急。

一、当前高校资产管理存在的问题及原因分析

虽然目前我国高校实行了“统一领导，分级管理，集中核算”的财务管理体制；积极推行“重心下移，责权下放，绩效考评”的财务运行机制，但由于缺乏健全的财务管理体系，特别是缺乏完善的高校资产管理体系和有效的资产管理手段，导致高校资产管理弱化，管理手段落后，资产配置混乱，重复购置、闲置浪费现象普遍，难以实现“权责明确、行为规范、管理严格、监督到位、激励有效、服务优质”的财务工作目标，不利于学校教学科研事业的全面协调可持续发展。

随着国家招生政策的放宽和招生指标的增加，高校规模越来越大，资产越来越多，如何合理有效配置高校资产和充分发挥资产最大效用是长期困扰高校资产管理的一个较为突出的问题。

（一）资金闲置多，成本高，缺乏健全的风险管理机制

当前，虽然我国高校资金来源渠道少，资金量小，但为及时归还迫在眉睫的大额债务和高额利息，往往储备了大量的资金，导致资金闲置多，成本高。

在国家财政投入少，高校资金来源少，招生规模越来越大的窘迫处境下，为满足教学需要，特别是为满足学生住宿、上课教室等硬件需要，高校只能想尽一切办法从国家金融机构、租赁公司、个人等取得各种长短期债务资金，急剧扩展占地规模，加大房屋建筑物等基础设施建设，继而导致高校债务问题日益突出，有的高校资产负债率高达80%以上，利息负担极重，资金成本过高，债务压力极大。同时由于高校要应付即将到期的债务，加上申请借款到资金到账时间较长，也较为困难，高校往往留有较多的货币资金，以备不时之需。部分高校通常每月末的存款达到5000万元以上。这样，一方面导致高校大量资金闲置浪费，另一方面又要高校必须支付高额的利息费用。究其原因，一是形势所迫，解决扩招学生的吃、住、用是迫在眉睫的急事、大事，不靠贷款是解决

不了的；二是高校普遍存在这样一个意识：高校是事业单位，履行教育科研职能，再多的债务都有国家做后盾，国家不希望也不会让高校破产，因此债务多少不用管，但资金偿还、借入的周转链条不能断；三是高校普遍缺乏经济活动风险定期评估管理机制，缺乏健全的债务内部管理制度，未能充分有效开展项目论证，缺乏应有的风险防范意识和相应的风险管理机制。

（二）往来款项多，期限长，缺乏应有的清理催缴机制

高校往来款项科目设置较多，年末余额较大，期限较长，虽然高校每年年终决算时都进行清理结算，特别是职工借款，也下发有关的催缴通知，但缺乏有效的往来款项清理催缴机制和强硬的管理机制，通知下发后只有极少数人来财务部门处理，绝大部分款项只能长期挂账；对于无法收回的应收及垫付款项，没有及时查明原因以及分清责任，没有按规定程序报批核销，导致学校资金被长期占用，无法充分发挥其应有的效用。

（三）税务管理乱，垫付多，缺乏应有的纳税筹划机制

高校当前面临的社会环境越来越复杂，竞争越来越激烈，形势越来越严峻，高校要发展只有走向市场，迎接挑战，从而导致高校利用自身优势向社会提供各种服务，包括加大科研课题申报力度，扩展短期培训范围，提高培训质量和收费标准，召开各种研讨会议，加大高校周边房屋出租教学场地出租和教学场地出租等各种活动，这是一个良好的现象。但是高校开展这些业务收取款项时为避免每年的财政非税票据检查都开具了相应的税务发票，涉及的相关税费在“统一领导，分级管理，集中核算”的财务管理体制和“重心下移，责权下放，绩效考评”的财务运行机制下，由学校统一垫付各项税费，然后再由学校财务部门通知责任部门归还其涉税税费。除此外，按照惯例，高校每学期末、每年年末除正常工资外会发放大量的课时津贴、加班补贴、劳务费、学期奖励、超课时奖励等等。因发放金额较大，从而导致个人所得税税负较高。如此就带来三个问题：一是高校统一垫付各项税费后，由于缺乏相应的垫付款催缴机制和严格的管理机制，相应的责任部门并没有及时把其涉税税费划转到学校，有的甚至就忘了这个事项，导致学校垫缴的税费资金较多，影响了学校的资金安排；二是高校每学期末、每年年末发放的课时津贴、加班补贴、劳务费、学期奖励、超课时奖励等，不能事先进行平均，不是分散到每个月而是集中到某一个月发放，这样导致无法合理地降低个人所得税税负；二是高校开展的对外培训、咨询及服务业务所收取的款项，

是否都必须开具税务发票缴纳各项税费？高校并没有一个完善的应对措施。由此证明高校缺乏完整的税务管理机制和纳税筹划机制。

（四）对外投资少，效益差，缺乏科学的决策管理机制

为适应激烈的市场竞争，将科学技术转化为第一生产力，扩大高校的知名度及影响力，高校借助其教学科研优势，纷纷将资金和高新技术投放市场，组建或合建各种校办企业、公司等，但因高校资金有限，对外投资少，范围小。即便如此，但由于高校缺乏投资风险防范意识、防范手段和市场经验，忽视投资方案的可行性研究，缺乏严格的授权审批制度、风险控制制度、投资管理制度、会计控制制度和责任追究制度，使其对外投资呈现出随意、无序、无效的状况，导致盲目投资，效益差甚至无效益。

（五）无形资产无意识，缺乏有效的权益保护机制

高校是为国家培育高层次人才，传授科技文化知识的高级场所，其拥有广阔的教育资源、知识资源、人才资源和有限的土地资源。由于缺乏知识产权意识和相应的无形资产分类管理制度，迄今为止，没有任何一家高校申请办理有关知识产权等无形资产的评估认定。即高校拥有多种无形资产却没有无形资产入账。如土地使用权、各种专利权、非专利技术、科研成果、学科培养优势、师资培养优势、科研人才优势和管理人才优势等绝大部分无形资产不能从反映学校经济活动状况的财务报表和资料中体现出来，重研究轻应用，重论文轻效果，没有充分发挥无形资产对提升学校核心竞争力的作用。特别是最容易确认也能够确认的土地使用权：高校取得土地使用权支付的各种费用列入了当期的支出，却没有确认无形资产—土地使用权及其入账价值。

二、强化高校资产管理的应对策略

高校资产运行的好坏及效能作用的正常发挥取决于高校平时科学严格的资产管理、维护和保养体系。因此强化资产管理措施，落实管理、使用、维护职责，着力解决重复购置，使用随意，管理混乱，资产流失严重等问题，充分发挥资产应有的作用，实现资产的保值增值是高校当前资产管理工作的重中之重。

（一）拓宽资金要是道，降低资金成本，建立健全风险管理机制

面对国家财政投入少，学费住宿费收入少，债务资金比重大的不利局面，要满足教学科研需要，高校就必须改变“债多不怕主国家做后盾”的思想，

采取有效措施，拓宽资金来源渠道，广开财源。

（1）加强资金管理，严格执行不相容岗位相互分离制度、对账制度和稽核制度。定期盘点库存现金，核对银行账目，杜绝坐支现金和白条抵库，严格执行“收支两条线”的规定，严格遵守库存现金限额管理，严格按《现金管理暂行条例》规定的现金使用范围使用现金，消除资金管理中的安全隐患。

（2）积极争取国家政策支持，主动与财政部门、教育主管部门和发展改革委员会等部门进行沟通，扩大高校办学自主权，大力争取财政专项资金，确保国家财政拨款稳步增长。

（3）加大学校学费住宿费清理催缴力度，充实学费清理催缴人员，利用电子信息化系统建立全校学生个人缴费台账，核准信息，加强与学校教务处、学生处、各院系的协调沟通，利用缴费情况与选课情况挂钩，与选课成绩挂钩，确保学费住宿费应收尽收，严禁拖欠，并严格实行“收支两条线”管理，及时足额上缴财政专户，积极主动申请财政及时返回，保证学校收入及时到位，满足教学科研资金需要。

（4）利用学校丰富的教育资源优势和学校良好的社会影响，努力扩大函授、夜大、短期培训、脱产等办学规模，积极开展社会有偿服务，通过社会捐赠、赞助、盘活资产、开展合作等途径，以及校友会、基金会等多种形式、广泛吸收社会资金，精打细算增加学校收入，为社会提供优质的教育服务，为学校增加办学资金，更为广大社会人员解决知识残缺和文凭问题，可以说是一举三得的惠民利民的绝好举措。

（5）加强票据管理，严格按照规定程序处理票据的领用、发放、开具、收缴、核销等手续，确保票据的安全。

（6）规范收费工作，严格按照发改委批准的收费标准收费，收费时必须开具收费票据，且不得扩大收费范围和提高收费标准，更不得自立名目收费，严格执行“收支两条线”管理规定，不得随意截留、挪用资金，确保资金足额收取，足额上缴。

（7）进一步保持和加强与银行等金融机构的战略合作关系，积极争取信贷资金，同时通过处置或置换学校闲置校区地产，优化配置学校资源，最大限度地筹集办学资金，努力降低学校债务，减轻利息负担，降低资金成本，确保学校又快又好地发展。

（8）根据财权与事权相结合的原则，协同相关部门积极探索、建立健全与目标、责任、绩效挂钩的资源分配机制和风险评估管理和风险预警机制，健全债务内部管理制度，防范财务风险，制定具体的措施办法，完善以内部控制为核心，以大额资金流动集体决策，常规资金支付授权审批等为重点的资金安全管理制度，实行严格的岗位职责分工，不相容职务分离，系统分析经济活动风险，确定风险点，选择风险应对策略，严格督促相关工作人员认真执行，定期提交经济活动风险评估书面报告。

（二）定期清理往来款项，降低借款余额，健全往来款项清理催缴机制

针对往来款项科目设置多，年末余额大，期限长的状况，高校应当建立健全有效的往来款项清理催缴机制和核销机制，采取有效的控制措施和强硬的管理手段，加大往来款项的清理催缴力度，努力减少往来款项科目数量和降低往来款项余额，缩短资金占用期限，提高资金使用效率。如对于高校职工借款或为职工垫付款可以按照“源头从紧，限期报销或归还，过期扣款”的措施进行控制；对于学校各部门和教职工日常零星开支一律使用学校为教职工办理的公务卡、银行贷记卡支付款项，经办人员按学校规定报销后由学校财务部门在到期前一周内归还刷卡金额；对于大金额的设备购置，规定学校一律不借支票、不事先汇款，必须验货见票后才支付款项；对于那些期限长，难以查明原因，确实无法收回或支付的应收款、垫付款、应付款等往来款项，应落实责任，按规定程序批准后核销或转销，降低往来款项余额。

（三）加强税务管理，减少纳税风险，建立健全纳税筹划机制

要解决高校当前税务管理乱，个人税负高的问题，就必须要加强税务管理，建立健全纳税筹划机制。

首先，改变校内各部门开具税务发票所涉税费由学校统一垫付的现象，参照税务部门代开发票的处理模式，“先交税费再开发票”，凡要开具税务发票的必须先将所涉税税费全额交到学校财务账上，才给予开具税务发票，避免学校垫付相关税费后长期收不回或忘记收回的情况。

其次，深入掌握和理解各税种的征税范围和减免税优惠，聘请高校税务专家全面分析学校收入中哪些属于不征税收入，哪些属于减免税收入，哪些属手征税收入，在账务处理时严格遵循税法的规定，设置专门的会计科目，严格单独核算征税收入、减免税收入与非涉税收入，避免“未分别核算的，合并征税；未单独核算的，不得享受减税、免税待遇”的行为。

最后，应将学校涉税收入与其对应的税种、税率、涉税环节、应纳税额

的计算、缴纳期限和相应的减免税优惠条件进行详细的分析，努力创造与税收优惠相符的条件将可能涉税的收入纳入减免税收入核算，最大限度地享受税收减税、免税政策，以达到降低税负的目的。

（四）健全对外投资管理制度和责任追究制度，选准选精投资项目，提高投资效益

高校要适应竞争激烈的市场经济，改变对外投资少、范围小、投资风险防范意识差的不良状况，就必须完善对外投资管理制度，合理设置投资管理岗位，明确相关岗位的职责权限，确保对外投资的可行性研究与评价、对外投资决策与执行、对外投资处置审批与执行不相容岗位相互分离，通过学校领导班子集体研究、专家论证和技术咨询相结合，全面开展对外投资的可行性分析论证，根据投资目标和规划，科学确定备选投资项目，拟订投资方案，由学校领导班子集体决定对外投资的项目和金额，避免盲目投资，或者贪大贪快，乱铺摊子的现象，保证投资活动在严格控制下进行。严格按国家对外投资有关规定和学校授权审批制度、风险控制制度、投资管理制度与被投资方签订投资合同或协议，明确出资时间、金额、方式、双方权利义务和违约责任等内容，合理安排资金投放结构，恰当处理资产流动性和营利性的关系，通过对外投资保持合理的资产结构，在保证高校资产适度流动性的前提下追求最大营利性。加强对外投资项目的追踪管理，重点关注投资风险，健全严密的投资资产保管制度和会计控制制度，明确保管责任，健全账簿体系，严格账簿记录，及时、全面、准确地记录对外投资的价值变动和投资收益情况，加强对外投资回收和处置控制，健全责任追究制度，对在对外投资中出现重大决策失误、未履行集体决策程序和不按规定执行对外投资业务的部门和人员，以及无法收回到期投资的，应当建立责任追究制度，追究相应部门和人员的责任，改变高校对外投资随意、无序、无效的状况，选准选精投资项目，谨慎投资，提高投资效益。

（五）强化知识产权意识，重视无形资产管理，确保学校合法权益

高校应当强化知识产权保护意识，重视各种知识产权等无形资产的管理，严格按照国家相关规定申请办理有关知识产权等无形资产的评估认定及相应的证书。如目前高校大都拥有上百亩，上千亩，甚至上万亩的土地，但土地使用权基本没有在学校账务处理系统和固定资产管理系统中反映出来，即便是有的高校反映了，也只是按其实际的征地补偿费记入无形资产，根本就没

有考虑土地使用权的市场价值，也不愿意花钱对其价值进行评估。还有的高校拥有雄厚的知识资源，拥有多种科研成果、学科培养优势、师资培养优势、科研人才优势和管理人才优势等，但目前为止基本没有一家高校（主要是文科类高校）申请了著作权、非专利技术、学校知名权等无形资产。财政部教育部2012年颁发了《高等学校财务制度》，规定了各高校通过外购、自行开发及其他方式取得的土地使用权、著作权等应当合理计价，及时入账，这是一个很好的开端，高校应当以此为契机建立健全知识产权等无形资产管理制度和办法，全面、及时确认学校拥有的无形资产，彻底改变高校重研究轻应用，重论文轻效益的不良状况，充分发挥无形资产对提升高校知名度和核心竞争力的作用。

第三节　高校财会人员管理

在激烈的市场竞争和科学技术突飞猛进的知识经济大潮中，在全球经济一体化和知识经济全球化的趋势下，我国高校的健康发展已成为整个社会经济发展的助跑器，成为第一生产力最牢固的基石，是关系到国计民生的重大战略。而健全高校财务管理体制，完善高校财务管理运行机制，提升高校财务管理水平和服务质量，是高校为社会培养高科技人才，培养第一生产力合格接班人，充分发挥其助跑器作用，实现“教育强国，科技强国”的关键。要想保证高校财务管理作用的全面发挥，必须重视和提升高校财会人员在高校经济管理工作特别是财务管理工作中的核心作用和关键因素。但目前我国部分高校忽视了财会人员在高校财务管理中的关键作用，财务选人用人不当，财会人员水平低下，素质较差，严重阻碍了高校财务管理水平的提升。因此改善高校财会人员选人用人机制，健全既能适应知识经济发展需求，又能促进教学科研事业发展的高校财会人员管理机制已经势在必行。

一、当前我国高校财会人员存在的问题及原因分析

目前我国高校财会队伍中，财会人员整体素质不高，知识层次、学历结构和业务水平参差不齐。有的财会人员并未经过系统的财会专业知识的培训，

甚至有的财会人员根本不懂账务，只是经过熟人介绍转行而来的人员。这些财会人员没有过硬的财务专业知识，在财经纪律观念上意识淡薄，缺乏应有的职业道德，在工作中，记录混乱，账证不符，账实不符，收支凭证内容不合法，手续不健全，甚至有涂改、挖补、伪造的凭证等。工作不讲究规则、程序、手续，只凭习惯、经验办事。同时因高校经济业务相对简单，学校领导对会计基础工作不够重视，忽视了学校会计人员的业务学习和会计知识的更新换代，既不强化会计人员的政治思想教育、业务培训，也让一些根本不具备从业资格的人员混进财会队伍，思想教育业务培训也流于形式，致使部分会计人员监督意识不强，法制观念淡薄，缺乏职业风险意识，职业判断能力不高，自我管控能力较差。

二、提高人员素质，提供人才保障

会计职业的特性要求财会人员必须具备很高的道德素质和业务能力，因此高校领导应当高度要重视财务工作和会计人才，把加强财会人员培训、管理、考核、监控，提高财会队伍的整体素质作为强化高校财务管理的重要任务来抓，健全财会人员继续教育制度，倡导财会人员终身教育观念。

（一）严格把好人员关，健全德才兼备、任人唯贤的选人用人机制

高校财会人员作为国家及学校财经法纪最忠实的执行者和守护者，作为教育资金安全最有力的保障后盾，作为高校教育资金使用支付的最后一道牢固防线，其整体素质、综合素质、职业道德素质的高低，会计理论知识水平和账务处理技能的高低对高校财务管理水平和资金安全完整等起到至关重要的作用，他们掌管着学校的“经济命脉”，是学校全面预算、资产管理和内部控制等得以严格执行的核心，是国家财经法纪和学校规章制度得以贯彻落实的关键，因此必须建立健全德才兼备、任人唯贤的选人用人机制，注重培养一批高素质专业化的复合型会计人才。

首先，把好选人关。高校应当在学校统一的人事管理制度下制定《学校财会人员选拔任用及奖惩规定》及其实施细则，通过法规的形式和规范的程序，把优秀的财会人员选拔到财务部门。选拔时，“德”是第一，“才”居其次，一定要把那些政治立场坚定，道德情操高尚，会计理论全面，政策法规熟，责任意识强，服务意识浓，动手能力棒，敢于讲原则，勇于做实事的财会人员选拔到财务部门承担具体的财务管理工作。千万避免“任人唯亲，

任人唯听”，把那些经过特殊关系进来但不懂财务会计的人员和财经纪律意识淡薄，缺乏应有的职业道德，工作不讲究规则、程序、手续，只凭习惯、经验办事的会计人员彻底清退出财务部门。

其次，把好用人关。高校在安排财会人员的工作岗位时，一定要针对个人的才能和特点将其安排到较为适合其能力发挥的岗位，尽可能做到“任人唯贤，人尽其才，才尽其用”。把那些有强烈的事业心、责任感，工作积极主动，认真细致，爱岗敬业，乐于奉献，任劳任怨，勤勉尽责，不计较个人得失，具有较强的开拓进取精神，思路宽，锐意改革，准确掌握、严格贯彻国家及学校有关各项财经法纪、政策、方针、规章及制度，并能正确、高效地处理、管理事务，廉洁奉公，办事公道，敢于负责和坚持原则的财会人员安排到关键岗位，引入竞争机制，实行优胜劣汰，一视同仁，彻底改变“只求过得去，不求过得硬”的消极怠工现象，充分发挥财会人员的积极性、主动性、维法护法性。

最后，把好轮岗关。高校财务工作一个最大特点就是虽然业务量大但重复多，如果一个人长期从事一个固定的工作岗位，在个人利益的驱使下极易出现不顾一切地故意伪造、变造、隐匿、毁损会计资料，利用职务之便监守自盗，大肆贪污、挪用公款等违法违纪情况，因此必须实行定期轮岗。轮岗时同样根据每个人的特长和能力以及岗位职责要求，将其轮换到适合其发挥聪明才智的岗位上，尽可能做到“任人唯贤，人尽其才，才尽其用”。

（二）加强法规道德教育，强化业务培训和指导，全面提升财会人员综合素质

社会环境千变万化，各种新情况新问题层出不穷，要保证财会人员良好的职业道德和熟练高超的业务处理技能，就必须定期对会计人员进行法律法规知识、职业道德观念和财务管理制度、方法和措施培训，强化业务规范和指导，及时总结、发现、分析财务工作中出现的新情况新问题，通过书面文件把报销审核注意事项、账务处理注意事项，会计业务处理规范流程和经济业务归类标准和要求等统一制定并颁布出来，并加大宣传培训，同时着力强调“单据比钱重要”的理念和“不属于自己的千万不能想，不该要的千万不能要”的理念。学校应当把规范、培训、考核、使用等诸环节紧密结合起来，把现代化的信息技术手段应用到财务会计工作中，确保财会人员的法规意识、道德修养和专业素质持续得到加强和提高，着力培养财会人员精益求精的态

度和勇于拼搏的精神，彻底解决财会人员业务知识贫乏或专业知识老化，专业技术水平低下，以及不学法，也不守法护法的不良现象。

（三）明确职责权限，注重内控牵制，确保财会人员分工明确，团结协作

高校要保证选用财会人员做到“任人唯贤，人尽其才，才尽其用”和财经法规纪律的全面贯彻执行，明确财会各岗各人职责权限，实行不相容职务分离，强调分工协作，强化内部稽核督查，注重内部牵制是根本。

首先，高校应当健全内部会计控制体系，明确学校领导人对会计工作的职责，明确会计机构以及会计机构负责人的职责，明确财会人员的职责，明确会计机构与其他职能机构的分工与关系，健全会计岗位责任制度，确定财会人员工作岗位的设置，各岗位的职责和工作标准，各岗位的考核奖惩办法等。

其次，高校应当注重内部牵制，强调分工协作，规范内部业务处理流程，明确业务处理标准和要求，加大内部稽核督查，实行不相容岗位和不相容职务彻底分开，保证一人完成的工作必须要有其他两个或两个以上的不同岗位的人员自动进行稽核检查。

最后，高校应当采取措施坚决维护财会人员的合法权益，保证财会人员的相对稳定，没有正当理由不随意调换财会人员。大力支持财会人员守法护法行为，避免财会人员被打击报复，并建立健全检查、考核、评价、奖罚制度，将其与岗位资格、聘任专业职务、提职、晋级、精神与物质奖励等结合起来，通过奖优惩劣，促使财会人员增强责任感，注重工作业绩，注重遵纪守法，廉洁奉公，不论遇到何种情况，不丧失原则，不图谋私利。

（四）健全考评制度，重视激励机制，加大奖惩力度，为切实提高对账务管理水平提供制度保障

高校应结合本校实情，建立健全切实可行的财会人员工作考核机制和科学的激励机制，重视评价结果运用，加大奖惩力度。财会人员工作考核机制是对高校财会人员实际工作业绩的评价标准、评价措施和评价程序做出详细、明确规定的一种制度，是对高校财会人员既定行为的一个定性、定量的评价标准，既为高校人员管理提供指导性方向和目标，又为评价高校财会人员业绩提供依据和标准，是高校财会人员管理的关键环节，也是工作量最大、难度最大的环节。在这个环节中，不管是学校高层管理者还是一般的师生员工都能够发现高校财会人员管理中存在的缺陷，有什么样的及多大程度的偏差，它们是由什么原因引起的，应采取什么样的措施等。可见，该环节的工作影

响着整个财会人员管理的效果，因此要进一步完善学校财会人员工作考核机制和激励机制。

（1）必须明确财会人员工作考核什么。高校建立健全财会人员工作考核机制的主要目的是防止、发现或纠正财务工作中可能出现的错误和舞弊行为，以保证高校的资产安全完整，维护国家的利益。因此高校财会人员工作考核机制应该围绕高校的财会人员管理制度是否完善、健全，是否得到了积极的、严格的贯彻执行，是否有效地防止、发现、纠正了高校财会人员在财务工作中可能出现的错误和舞弊行为来进行，即考核高校财会人员管理制度的健全性、有效性。

（2）必须明确由谁来考核。要保证工作考核的客观、公平、公正及权威性，必须由具有相对独立权限的机构来负责。该机构应直接由分管副校长、副书记垂直领导。例如可以建立一个由分管副校长或副书记为主要负责人，由学校财务部门、纪委、监察审计部门、资产管理部门等部门领导为成员的“财会人员考核小组”，并赋予其独立的、专门对财会人员进行监督与考核评价的权力，以使其能正确、及时完成其使命。

（3）必须明确如何考核。一是必须明确考核标准。高校财会人员考核标准的制定是高校财会人员管理制度能否有效实施的关键，又是衡量高校财会人员管理制度实施效果好坏的依据和准绳。没有切实可行的考核标准，考核就可能流于形式，考核就没有依据。因此，高校有必要投入一定的人力、物力、财力，由权威部门建立一套完整的、公认的高校财会人员考核标准，使高校财会人员考核有章可循。二是必须明确考核方法。在实际工作中，常用的考核方法有：面对面的直接口头汇报、正式的书面文字汇报、直接观察、抽样检查、问卷调查、集中座谈等。三是必须深入基层，踏踏实实地了解实际情况，并制度化，实事求是，切忌只凭下属的汇报做判断，也要防止检查中走过场、搞形式，工作不踏实，走马观花，点到为止。

（4）必须明确考核结果如何奖惩，即充分发挥激励机制的引导作用。高校财会人员考核工作完成以后，考核部门应形成书面的“高校财会人员考评报告”，详细说明本次考核涉及的范围、所用的方法、存在的问题及缺陷、改进措施、奖惩建议等。同时报经校长办公会、党委办公会批准后，对相关当事人给予奖励或惩罚：对严格遵守和执行高校财务管理制度的部门和人员，给予通报表扬，加薪晋级，甚至升职；对于违反高校财务管理制度的部门和人员，给予严肃的通报批评，减薪降级，甚至撤职或辞退。只有建立科学合理的财会人员约束与激励机制，通过业绩与工薪挂钩等形式，才能使财会人员的利益与学校的长期发展相结合。

（5）健全高校财会人员选人用人机制，加大财会人员管理与培训力度，提升财会人员整体素质，突出财会人员在高校经济管理工作中的核心作用，保证财会人员正确履行工作职责是建设现代化高校财务的关键所在，我们一定要把财会人员管理与培养作为高校经济管理的一项长期工作，才能确保高校会计信息的真实、合法，才能真正发挥财会人员“管家理财”的作用，为建设高水平现代化大学出谋献策，促进高校健康可持续发展。

第四节　高校内部审计管理

随着全球经济一体化和知识经济全球化，特别是十八届三中全会的胜利召开和全面深化教育领域综合改革的重大抉择，使我国高校内部审计面临前所未有的机遇与挑战。面对新形势新任务，我国高校内部审计应以更坚定的信念去除旧革新，用崭新的姿态去迎接全面深化教育领域综合改革时代，才能够充分发挥审计的制约作用和促进作用，为我国高校健康可持续发展保驾护航。

一、强化高校内部审计的必要性

当前我国绝大部分高校都设置了内部审计处级机构——监察审计处，配备了内部审计专职人员，对高校经济活动的合法合规性和廉政建设确实起到了一定的监督作用。一是制约作用。高校内审利用其特有的功能对其内部各职能部门和高校整体的财务收支情况、预算执行情况、内部控制执行情况及相关经济管理活动开展情况进行监督、检查，把现实经济活动中存在的贪污舞弊、弄虚作假等违法违纪行为揭发出来，并依法对相关责任人员执行经济裁决或提请给予行政处分或刑事处罚，给违法违纪人员予以沉重的、毁灭性的打击。这样既惩处了违法违纪人员，纯洁了干部队伍，又给想要违法违纪的人以强烈的警示，“只要敢伸手，一定会被捉”，更给予遵纪守法的人以正义的鼓励，使广大职工从中受到深刻教育，实现“查处一例，教育全体”

的目标，从而不仅能够做到纠错防弊，堵塞漏洞，揭露和打击违法行为，还能保护干部，增长反腐倡廉风气，保证党纪国法、规章制度等的严肃和贯彻执行，保护国家财产的安全完整，促进高校健康可持续发展。二是促进作用。高校内审通过揭示经济活动中存在的问题和管理制度上的薄弱环节，提出改进建议和措施，促使高校进一步规范会计核算，健全规章制度，提高管理水平和资金的使用效益。

当前，由于高校内审范围不全面，措施不到位，力量不强大，处罚不严重等原因致使高校内审只是基本发挥了制约性作用，而促进性作用基本没有发挥。随着社会经济发展越来越快，风险越来越多，经济问题层出不穷，高校内审承受着前所未有的压力和重担。在党的十八届三中全会关于全面深化教育领域综合改革的重大决策指引下，只有强化高校内审，进一步改革高校内审体制机制，健全内部审计规章制度，规范内审管理，全面突出内审的独立性和权威性，充分发挥内部审计的制约性和促进性，才能促使各级领导干部不断增强法制意识和经济责任意识，增强严格执行财经法纪的自觉性，才能为高校长治久安健康可持续发展保驾护航。

二、高校内部审计存在的问题及原因分析

当前我国高校由于内部专职审计人员缺乏，审计规章制度不健全，审计意识不到位，致使高校内审工作开展不全面，审计质量不高，没有全面发挥内部审计在高校快速发展中的保驾护航作用。

（一）高校内部审计存在的问题

1．预算审计不到位

首先，高校内审没有全程参与本校《省级部门预算》编制和《校级综合财务预算》编制，没有履行对预算编制进行全程监督的职责。本校《省级部门预算》和《校级综合财务预算》的编制全由高校财务部门说了算，校内没有任何组织机构对其编制的合理性、科学性、可行性、完整性进行审计评价。

其次，高校每年的省级部门预算和校级综合财务预算执行情况分析、评价都是财务部门负责，高校内审部门每年都向本校财务部门索要预算执行情况分析报告和数据。如此可看出，高校内审部门根本没有履行对预算执行过程进行监督、评价的职责，根本不能发现、纠正预算执行过程中存在的错误与舞弊行为，无法指导、督促高校预算的执行。

最后，高校每年的年终决算也由高校财务部门负责，对高校当年省级和校级预算执行情况进行最终的分析、评价，内审部门对此不闻不问，即便是过问，也是到财务部门要数据，简单确认预算是否超支，没有监督、评价、考核奖惩。

2．经责审计不规范

对本校正处级干部调动或离任进行经济责任审计是高校近年来最为频繁和突出的审计业务。高校开展经济责任审计最终目的是经过审计分清经济责任人任职期间在本部门经济活动中应当负有的责任，无论是在保护高校资产安全完整方面，还是在促进高校廉政建设方面都发挥了极大的作用。但因缺乏完整的经济责任审计评价体系，评价标准不适当，评价范围不全面，内审力量较薄弱，人为意识太浓和审计资料残缺不全等原因导致高校内部经济责任审计有时对人不对事，有时走走过场作作秀，加上都是事后的“处级审处级”和掺杂了各种人为因素，导致高校内部经济责任审计司不规范，最终审计结果要么定责不准，要么定责模糊，要么定责不服。

3．工程审计不科学

随着高校在校生越来越多，规模越来越大，基建工程、改扩建工程也越来越多，每年高校内部的房屋修缮维护工程也逐步增多，高校内审顺应时势需要也实时开展了工程审计，但因其缺乏工程审计专业方面的专职人员，缺乏工程审计专业知识和经验，且没有全面参与整个工程的施工过程，在工程结算阶段以施工方报送的工程预算报表和相应施工资料为依据，简单地以工程概预算为标准开展工程完工后的审计，对追加的工程预算简单地以领导批字为认可标准，从而使得高校内部工程审计重形式走过场，工程审计程序极不规范，审计方法极不科学。

4．内控审计不在岗

从高校现有内部控制制度来看，其已全面涵盖了全校所有教学科研、教辅后勤和行政管理活动，涉及每一个业务环节。高校设置内审的主要目的是通过内审对内控制度的健全完整性、内控执行的严格遵从性、内控执行效果的合理有效性进行审计，以及时防止、发现、纠正其存在的缺陷、漏洞和违反内控或凌驾内控之上的不良行为。但是高校本身由于缺乏严格有效的内控管理体系，加上内审部门人少事多，素质低能力差等因素导致其根本没有对本校的内控设计、执行情况及执行效果进行审计，内控审计根本不在岗。

5. 绩效审计难落实

建立健全高校教育资金绩效审计与评价是新形势下高校经济管理科学化、精细化的必然要求，是建设高校效能机关的重要抓手，是转变机关工作作风，源头防止和治理腐败的核心环节，是全面推进高校绩效管理提高教育资金使用效益的关键举措。但当前高校内审基本没有开展教育资金绩效审计与评价。部分高校内审虽开展了资金绩效审计，但还属于刚起步阶段，因资金绩效审计体系不完善，绩效审计规章制度不健全，审计评价依据不充分，审计评价指标不科学，审计评价内容不完整以及绩效跟踪审计机制缺失等原因使高校内审开展的资金绩效审计与评价难以落实到位。

（二）原因分析

1. 意识差，无权威

高校内审没有充分发挥保驾护航作用的原因：一是其没有渗透到高校所有的领域和每一个环节，审计制约作用和促进作用没有在广大教职工心目中达成共识，普遍认为内审碍手碍脚，不利于教学科研快速发展，没有任何部门或个人主动申请内审。主动接受审计的意识差，主动要求审计的意识更差，喜欢审计的意识就没有。处级干部经济责任审计是被逼的，大家恨审计，怕审计，迫于无奈被审计；二是高校内审缺乏超然的独立性和权威性。当前高校内审部门与内部其他职能部门同级，出现“同级审同级，熟人审熟人”，诸多因素导致高校内审在审计过程中无法客观、公正、独立地进行审计检查、判断、分析和决定，内审业务不独立，结论受影响；三是分管高校内审的校级领导一般是校纪委书记，而纪委书记是在书记、校长的领导下开展工作，内审工作是否被重视，是否真正起到制约和促进作用，关键取决于校长、书记的态度和对内审工作的重视程度。

2. 制度差，弹性大

当前高校内审体制不健全，机制不灵活，规章制度不完整，内审程序不规范，缺乏一个有机的内审法规体系。每个高校只制定了本校粗略的内审办法或规定，而具体的诸如预算审计规章制度、办法措施和规范流程，专项经费支出审计规章制度、办法措施和规范流程及审计整改检查制度、审计结果运用规定等目前还是一片空白。

由于内审在高校缺乏独立性和权威性，干部职工缺乏内审意识，内审法制不完整、评价标准不适当、工作程序不规范以及其他各种人为因素的影响导致内审有时对人不对事，有时对事不重视，审计无规定，评价无标准，讲人情，走过场，重形式，轻实质，审计的随意性大，审计结论弹性大。

3．技术差，层次低

当前高校内审手段单一，方法落后，审计工作还停留在人眼手工状态，耗时费力，调查取证难度大。部分高校虽引入计算机辅助审计技术，但因人员素质和业务技能的限制并没有充分发挥出计算机辅助审计在网络管理、数据处理上的优势，审计工作效率不高。再加上高校内审还停留在事后的财务收支审计和经济责任审计层面，以财务数据为核心，把内审界定在合法合规性审计层面，既没有根据高校实情开展事前、事中跟踪审计，也没有向管理审计、绩效审计、内控审计和服务审计方面发展和延伸，审计层次较低，效果较差。

4．机构弱，人手少

当前我国高校内审均与监察、纪检部门合署办公，三块牌子一套人马，内审机构职能弱化，缺乏应有的独立性和权威性。同时高校专职内审人员少，年龄老化，知识单一，更新缓慢，缺乏深厚的审计专业知识，处于边学边干、边干边学的状态，审计业务素质和职业道德不高，法律法规意识不强，对审计的程序和方法理解不透，再加上高校经济业务越来越多，各种违法违纪手段越来越隐蔽，现有内审人员很难在审计过程中发现问题，有时即使发现了问题也会怕打击报复等各种有罪不敢查清，或不想查清，或难以查清，查清了也难以处理彻底等，从而导致审计结果质量不高效果不好，无人重视，审计权威性树立不起来。

三、高校强化内部审计的应对策略

充分发挥内审保驾护航作用，实现内审经常化、规范化、主动化，高校应当做到：主要领导重视是关键，健全内审制度是重点，增加审计人员是基础，改进技术手段是条件，提升综合素质是保障，优化保驾护航是归宿。

（一）强化内审意识，突出内审权威

高校主要领导对内审的重视程度直接决定了内审的独立性和权威性；广大干部群众对内审的理解与支持程度直接决定了内审的生存环境和生存空间；专职审计人员的综合素质和内审规范体系直接决定了内审制约促进作用的全面发挥。审计好不好，关键看领导，发展好不好，群众是依靠，效果好不好，素质占主导。因此强化高校内审意识，突出内审权威是充分发挥内审保驾护航作用的核心，有效治理当前领导干部职务犯罪“十心”的利剑，即“见钱眼开的贪婪心理、蒙混过关的侥幸心理、难以自控的矛盾心理、深感吃亏的补偿心理、贪图享乐的虚荣心理、各取所需的交易心理、有恃无恐的攀比心理、孤注一掷的赌徒心理、捞了就跑的投机心理、破罐破摔的对抗心理”。

（二）健全内审制度，统一审计标准

高校应当根据《审计法》《教育系统内审工作规定》等法律法规，针对当前实际，结合未来发展趋势，健全内审体制，搞活内审机制，全面修订、补充、完善本校内审的规定、标准、要求、流程，制定并严格实施校内预算审计办法、专项资金绩效审计办法、审计整改检查办法及审计评价结果运用规定等，明确内审机构和内审人员的职责权利和被审计部门及被审计中层干部的义务，把每一条规定、标准、要求写明列细，形成一个有机的内审法规体系，才能做到“审计有法规，工作有要求，评价有标准，结果有应用”，规定到位，措施对点，找准穴位，对症下药，加强审计计划管理、质量管理、风险管理等，最终实现内审规范化、制度化、程序化、标准化、精细化的“五化”管理。

（三）增加内审人员，提升综合素质

高校当前现有内审人员数量严重不足，综合素质极为低下，难以全面有效发挥内审监督、评价、促进和制约作用。高校在突出内审权威性，改变全体干部职工“怕审计，恨审计”陈旧落后观念的同时，重点要从内审人员着手。打铁要靠本身硬，审计要靠人完成，“人”在内审中是唯一不可缺少的关键要素。因此，在安排岗位和人员时应当向内审部门倾斜，优先增加审计人员数量，提高审计人员待遇，并加强审计人员综合素质培养，注重审计职业道德教育，大力提升审计人员综合审计能力，全力打造一支政治过硬，道德高尚，业务全面的高素质审计队伍，真正实现内审人员“要审、会审、能审、敢审”。

（四）更新审计理念，采用先进手段

在当前全球经济一体化、知识经济全球化、科学技术产业化、信息手段科学化的情况下，审计领域的理念、技术、手段、方法等发生了翻天覆地的变化，面对新形势新任务，高校内审首先必须除旧革新，更新审计理念，转变审计观点，创新审计手段，不应只局限于“出了问题才来审，领导要求才来审”，要充分发挥内审的积极性、主动性和创造性，“找准穴位，对症下药，早下药，下猛药，求实效”，一定要找准当前高校预算管理、内控管理、工程管理及绩效管理方面存在的问题及弊端提早实施审计，开展事先、事中审计监督，及时提出建设性的意见和措施，堵塞漏洞，杜绝舞弊；其次必须更新审计设备，配备性能优良的计算机及其他辅助设备，建立健全内审信息化网络平台，及时传达国家政策法规、审计法规、处罚规定、案例警示等，便捷准确高效快捷传递内审正能量；最后必须改进审计手段，充分运用现代先进科学技术和网络优势，针对高校教学管理、资产管理、财务管理、工程管理、学生学费管理、科研管理等全面运用计算机信息技术的实情设计一套高效适用的内审软件体系并与财务系统、管理系统、校园网平台衔接，建立和完善内审对象数据库，积极探索跨专业数据整合、多数据综合分析的计算机审计方法体系，不断提高审计效能和信息化水平，着力培养审计人员熟练掌握和运用计算机技术的能力，实行无纸化审计，努力做到远程审计、联网审计，全面推行内审信息化工作，提升内审综合水平，着力解决高校领导重视、职工关切的热点、难点问题。

（五）深化预算审计，提高预算效果

预算既是高校对人、财、物进行优化配置、控制、使用和管理的关键，又是高校领导层和管理层执行有效经济活动责、权、利明确划分的制度保障和资金保障，涉及高校所有的教学科研活动和每一个业务环节，对高校健康可持续发展起到至关重要的作用，是高校合理安排资金提高资金使用效益的支柱。因此必须深化高校预算审计，把审计监评贯穿于预算全过程，全面发挥内审对预算编制、执行、调整及其结果的监督检查考核评价作用，保证预算执行的效果，促进预算目标的实现。

（六）健全经责审计，保证廉洁勤政

开展并强化领导干部任期经济责任审计制度，是从源头上预防和治理腐败，推进依法治校、促进党风廉政建设、强化干部管理和监督，促进领导干部廉洁自律认真履行工作职责的重要举措。高校对内部审计应当做到“思想上重视，工作中支持，经费上保障，行动上协调，结果上应用”，坚持“两手抓，两手都要硬”的战略方针，坚持“全面推进、突出重点、健全制度、规范管理、提高质量、深化发展”的工作思路、进一步解放思想、探索创新，以建立健全经济责任审计工作管理体制和运行机制为目标，以深化审计内容、完善审计评价和强化审计结果运用为重点，以审计规范化建设和干部队伍建设为保障，认真履行审计监督职责，坚定不移地贯彻党中央反腐倡廉的方针政策和各项工作部署，提高经济责任审计工作质量和水平，有效发挥经济责任审计在加强干部管理监督、建立健全惩治和预防腐败体系、促进经济社会科学发展、推动完善高效活力等方面的积极作用，真正实现“源头防腐，过程监腐，结果惩腐”，给高校廉洁勤政一个洁净的天空。

第四章　高校效益与成本管理研究

高校进行教育成本核算和计量，构建教育成本管理运行体系十分必要。通过成本管理，高校不仅可以有效地挖掘内部潜力、优化资源配置，还可以降低成本、提高效益，从而增强高校核心竞争力。建立高等教育成本控制机制，尤其是探讨在高校经营下的成本控制与成本控制的基本规范，对于高校管理的意义更加深远。高校成本管理的目的：一是选择成本效益管理基本路径；二是走出财务困境；三是构建地方高校成本效益管理新模式。

第一节　教育成本、效益与成本管理概述

教育成本作为经济范畴，是指为培养学生所发生的物化劳动和活劳动的耗费。这种耗费既同社会生产力相联系，也同社会生产关系相联系。教育成本不仅与经济效益相关，也与经济利益相关。教育成本不仅是反映各方面对教育资源消耗的重要指标，还是国家确定教育投资及教育收费的主要依据；不仅是评价教育投资效益的必要前提，还是考核和提高教育管理水平的重要措施之一。

一、对教育产品经济性质的认识

（一）公共产品的含义

公共产品是私人产品的对称，是指具有享用上的非竞争性和受益上的非排他性的产品，也称“公共财货”“公共物品”（下同）。按照西方经济学中的定义，可以理解为能为绝大多数人共同消费或享用的产品或服务，一般由政府或社会团体提供。常见的几种重要的公共产品有国防、环保、科技、教育、文化。

（二）对教育产品的定性认识

对于教育产品的经济性质的认识有公共产品、准公共产品和私人产品三种。

1．教育属于公共产品的认识

有一部分人认为教育是一种“事业”，强调教育的外部性，认为教育通过人才资本的提升能对经济发展做出贡献。例如，义务教育是作为公共产品由政府承担的。

2．教育属于准公共产品的认识

教育实际上是一种服务，这种服务具有一定的非排他性和一定的非竞争性。因为，对于处于同一教室的学生来说，甲在接受教育的同时，并不会排斥乙听课。也就是说，甲在消费教育产品时并不排斥乙的消费，也不排斥乙获得利益。但是，教育产品在非竞争性上表现不充分。因为，在一个班级内，随着学生人数的增加，校方需要的课桌、椅也相应增加，教师批改作业和课外辅导的负担加重，成本增加，故增加边际人数的教育成本并不为零；若学校的在校生超过某一限度，学校还必须进一步增加班级数和教师编制，成本会进一步增加，因而具有一定程度的消费竞争性。由于这类产品具有一定程度的消费竞争性，因而称之为准公共产品。确切地讲，高等教育作为准公共产品要由政府和受益者共同承担。

3．教育属于私人产品的认识

主张教育属于私人产品的认识，完全简单照搬了公共产品理论和企业理论，认为教育有足够手段来排斥消费者。不过，此认识放弃了教育“育人”的本质特点，也忽略了高等教育传承文化的功能。

二、教育成本与效益的一般界定

（一）教育成本的一般界定

1．教育成本的内涵

作为一种生产性投资，教育投资既存在着投入和产出的比较问题，也存在成本和效益的计算问题。因此，教育部门应当像物质生产部门一样，进行成本核算。英国教育经济学家约翰•希恩指出：“教育部门，同其他经济部门一样，要使用一部分宝贵资源。这些资源如不用于教育部门，就可以用于别的部门。”美国著名经济学家舒尔茨认为：“学校可以视为专门生产学历的厂家，教育机构（包括各种学校在内）可以视为一种工业部门。”这些论述无疑是经济生产中的成本理念运用于教育领域的坚实理论基础。因此，西方教育经济学者把教育成本视为生产教育产品所投入的资源价值。

国内学者关于教育成本的概念，也有着不同的表述，如王善迈认为：“教育成本是以货币形态表现的，培养学生由社会和受教育个人或家庭直接或间接支付的全部费用。”袁连生认为：“教育成本的本质是为使受教育者接受教育服务而耗费的资源价值，它既包括以货币支出的教育资源价值，也包括因资源用于教育所造成的价值损失。”以上观点并没有太大的分歧。教育成本的实质就是教育资源耗费的价值表现形式，或者说耗费的物化劳动和活劳动的总和。它包括以货币支出的教育资源价值，也包括这些资源用于教育而非用于其他经济活动所造成的价值损失（即机会成本）。

2．教育成本的构成

教育成本作为经济范畴，是指培养学生所耗费的社会劳动，包括物化劳动和活劳动，其货币表现为由社会和受教育者个人或家庭，直接和间接支付的培养学生的全部费用。但是，不是所有投入学校或社会的教育资源，均属教育成本范畴，只有那些用于培养学生的，可以通过直接归集与间接分配到学生上的可用货币计量的资源，才构成教育成本。严格来说，教育成本包括以下三方面。

（1）培养成本，又称生产成本，即学校为培养一定数量和层次的学生所支出的一切开支和耗费。

（2）增量成本，即学生为学习或读书所增加支付的那部分生活费用。

（3）机会成本，即学生因为学习而未能参加工作等带来的机会损失。

对于学校来说，教育成本往往被视为学校为培养学生支出的费用，其他两项则忽略不计，即以培养成本代替教育成本。本书中的教育成本除另有说明外，均基于此理解。

（二）对效益的理解

对于效益的理解，有广义与狭义之分。

（1）广义的效益即指效用与收益。效用是指人从消费某种物品（或劳务）中所得到的满足程度。收益有很多概念，可以归纳为两种类型，即经济学收益与会计学收益。经济学收益有许多解释，其中，美国经济学家欧文•费雪认为，经济学的收益有三种含义：①精神收益，即人的心理需要的满足程度；②真实收益，即一定时期内经济财富的增加；③货币收益，即经济资源货币价格的增加。在会计上对收益也有许多解释，但一般认为，收益代表投入价值与产出价值之比，或者是产出大于投入的差额。由此可见，广义的效益不仅仅局限于某种经济活动，还关注相关的多种经济活动，或者说不仅仅关注某种经济活动本身。本书对效益的定义基于广义的理解。

（2）狭义的效益，一般指经济效益，即仅关注经济活动本身。经济效益又有两种理解，一种认为，经济效益是指经济活动中劳动耗费与劳动成果的比较，其中，劳动耗费是指经济活动中实际消耗的活劳动量和物化劳动量；另一种认为，经济效益是指经济活动中的劳动占用与劳动成果的比较，其中劳动占用包括活劳动的占用和物化劳动的占用。一般认为，全面的、科学的经济效益观不仅仅要注重当前经济效益，更要注重长远经济效益；既要关注微观经济效益，又要关注宏观经济效益；同时，还要考虑与社会效益、生态效益的有机结合。

由此，笔者认为，效益是人们在各项经济活动中应当首先遵循的原则。各种投入都要讲效益，并且尽可能以较少的投入取得较多、较好的产出，以满足人们的需求。对于效益的不同理解，影响着人们对效益的不同评价。遵循什么样的效益观，以及对效益的关注程度，决定了人们对投入行为或方向的选择，从而决定着人们对于教育成本采取什么样的管理模式。

三、成本管理概述

（一）成本管理的产生与发展

现代成本管理是成本管理发展到一定阶段的产物。成本管理理论与实践的演进历程，以作业成本管理（Activity-Based Costing Management，ABCM）为分水岭，大体可将成本管理分为经验管理阶段、科学管理阶段和现代成本管理阶段。

（二）战略成本管理的基本内涵

战略成本管理的基本思想，包括成本的源流管理思想、与企业战略相匹配思想、成本管理方法措施融入思想和培养职工的成本意识等，主要是从战略角度来研究成本的各个环节，从而进一步找出降低成本的途径。要正确理解战略成本管理的基本思想，就要把握以下内涵。

1．战略成本管理以贯穿成本源流管理为核心理念

战略成本管理认为，控制成本发生的基础条件是成本降低的根源，因此

它强调以改变成本发生的基础条件为目的的方法措施，其主要方法有重构价值链、控制成本动因等。比如，按照成本管理方法措施的业务流展开，包括开发与研究过程的成本管理、时间成本与质量成本管理、适时制的应用、价值链的纵向整合等。

2．战略成本管理实质上是一种全面成本管理

战略成本管理是一种集全方位、全过程和全员管理于一体的现代成本方式，原因在于：第一，它强调从产品设计就关注成本的意义；第二，它强调从成本预测、决策、计划、核算、分析以及考核等各个方面找出降低成本的途径；第三，它强调培养职工的成本意识，要求人人参与，不能只有领导参与成本的管理。笔者认为，管理要从成本发生的源流着手，控制成本需要全体职工的共同参与，要培养职工的成本意识。

3．战略成本管理以产品全寿命周期成本为主要管理对象

战略成本管理以实现企业可持续发展战略为最终目标，站在整个物质产品的循环过程来看待成本的耗费及补偿，注重对产品整个寿命周期进行目标成本管理，并实行规划和产品设计的一体化管理，从根本上降低成本，实施技术与经济的最佳结合。

4．战略成本管理的主要环节

成本管理的内容和环节，取决于成本管理的职能，一般包括成本预测、成本决策、成本计划、成本控制、成本核算、成本分析和成本考核等七项。成本核算是基础，是原始的成本管理，也是狭义的成本管理；成本管理的其他内容是在成本核算的基础上，随着企业经营管理要求的提高和管理科学的发展，逐步发展形成的。现代成本管理是广义的成本管理，实际上就是成本会计。

（三）成本管理中的有关成本概念的界定

1．相关成本和无关成本

相关成本，即与决策有关的成本，与无关成本对应。沉没成本是一种典型的无关成本，即过去已经发生而无法由现在或将来的决策所能改变的成本。下列属于相关成本的范畴：一是差量成本，即决策者在两个备选方案中进行选择时，就同一项或同一类可比成本之间的差异或差量：二是机会成本，即因选择某项方案而放弃其他方案所损失的收益。

2．可控成本和不可控成本

不可控成本是指管理者不可控制或者在管理者控制范围外的成本。从成

本管理的角度看，那些可控的成本才是责任成本管理需要解决的主要问题。不过，可控成本与不可控成本也是相对的，在一定条件下，二者可以相互转化。

3．固定成本和变动成本

按照成本与业务量的依存关系，成本分为固定成本和变动成本。固定成本是指在一定时间和一定业务量的范围内，其费用发生总额不随业务量的增减而变化的成本。变动成本是指在一定时间范围内，其费用发生总额随业务量增减变化的成本。正确理解变动成本要注意：一是单位业务量分摊的变动费用是相对固定的；二是其中一些费用虽然也随业务量的变化而变动，但不成正比例变动，这部分费用称为半变动费用。

4．标准成本和责任成本

标准成本，即为了达到控制成本的目的，在生产经营活动开始前，根据产品结构和生产工艺过程，采用科学方法进行测算所预先制定的产品生产经营耗费限额。责任成本，即为考核成本责任者的成本责任而制定的一种成本。责任成本提出的目的在于落实成本责任，考核成本管理工作绩效，为加强成本管理提供信息。

四、支出、费用及成本的比较

（一）在一般及经济上意义的比较

1．一般意义上的含义

在日常英语中，支出一般为“pay”“expend”等，费用一般为“cost”“expense”等，而成本一般为“cost”等。按照《现代汉语词典》上的解释，“支出”有“付出去、支付”和“支付的款项”（跟“收入”相对）两层含义；“费用”为“花费的钱、开支”；而“成本”解释为“产品在生产和流通过程中所需的全部费用”。《辞海》中“成本”解释为“产品价值的一部分的货币表现”。严格说来，此解释属于一种经济上的界定。实际上，一般意义上的“成本”常常被理解为“为特定目的而发生的各种耗费”，如经常提到产品成本、各种各样的投资成本等。

2．教育经济学上的含义

我国教育经济学上经常提到的“办学成本”，一般是指学校培养成本，即“学校为培养人才所需耗费的物化劳动和活劳动的货币表现”。此处成本作为一个理论概念，是指培养出一位人才新耗费的劳动，所以办学成本在教育经济学上也可以称为办学费用。

由上可以看出，在含义外延和使用范围上，办学成本相对办学支出、办学费用较窄。但是，在实际生活中，三者常常相互混用，尤其是办学费用和办学支出。在教育经济学上，并不严格区分费用和成本，办学成本可理解为办学费用。虽然成本在传统经济理论中一般界定为“生产成本”，但是，因西方经济学中的成本的内涵，还包括了一部分利润（称为正常利润），所以其内涵较我国经济学中的成本内涵要丰富，所包括范围要广。虽然办学支出与办学费用或成本存在着各种联系，成本或费用总是与一定的支出相关，但是，不管是在我国经济学上，还是在西方经济学上，都对成本更为关注，成本在经济学中得到了很好的应用和解释。

（二）在高校财务意义上的比较

1．办学支出和办学费用

在我国高校财务中，办学支出一般指高校在人才培养过程中为获得另一项资产、为清偿债务所发生的耗费资产的流出。就某一会计期间而言，办学支出可以是现金支出，也可以是非现金支出。就长期而言，所有办学支出最终由现金支出来实现。在高校财务中，办学支出仍比办学费用所包含的范围要广泛。只有那些在学校教育教学活动中为培养高素质人才而发生的各种支出，才是费用；而其他原因发生的支出，如偿还借款、支付应付账款、为购买固定资产而支付的款项等，都与培养人才无关，都不能构成学校的办学费用，并不是所有的办学支出在一发生时就是办学费用，但是办学支出或早或迟最终都转化为办学费用。

一般来说，高校的办学费用按经济用途可分为应计入培养成本、科研成本的费用和不应计入培养成本、科研成本的费用。其中，前者又可分为直接费用和间接费用，后者可分为管理费用、财务费用和营业费用（即组成期间费用）。按照经济内容可分为劳动对象方面的费用、劳动手段方面的费用和活劳动方面的费用。

2．办学费用和办学成本

办学成本是指对象化的费用。例如，高校教育成本是相对于一定的人才而言所发生的费用，是按照人才培养层次等成本计算对象对当期发生的费用进行归集而形成的；办学费用是资产的耗费，它与一定的会计期间相联系，而与培养哪类人才无关；高校教育成本与一定种类和数量的人才相联系，而与发生在哪一个会计期间无关。因此，在高校会计工作中，办学成本的含义和一般意义上的成本一致，即一种为特定目的而发生的耗费。

由此不难看出，在我国高校财务中，办学费用的内涵比办学成本的内涵要深。这里可以把办学成本理解为办学费用的一部分，但是在实际应用中，二者又是平行的，可以相互转化。在办学支出、办学费用和办学成本中，只有费用构成一项会计要素或会计报表要素，且和收入相对应而存在；只有办学成本能被当作一种计量费用的手段，而办学支出、办学费用则不能。

从确认角度来看，办学支出的确认较简单，一般只要流出或发生了，即可确认某项支出。办学费用的实质是资产的耗费，但并不是所有的资产耗费都是办学费用。在高校财务中，教育成本的确认过程即一定时期办学费用归集和分配的过程，即从办学费用对象到某一人才的过程。一定时期所发生的办学费用构成了办学成本的基础。在高校财务管理中，办学成本较为宽广，其确认要依其专门界定，某一项成本总是有专门的界定或确指，如固定成本、沉没成本、机会成本等，现代成本管理还引入了作业成本等。

第二节　高等教育成本的界定及核算

对高等教育成本的不同界定，决定了对高等教育成本核算方式的不同。高等教育成本计量是提高经费办学效益的客观需要，也是不同成本核算对象公平分担成本的内在要求。高校经费支出并非都是属于教育成本核算的范畴。

一、高等教育成本概述

（一）高等教育成本的相关概念

1．高等教育成本的含义

高等教育成本是指高校在教育活动中用于培养学生所耗费的教育资源的价值，具体有广义和狭义两种理解。

广义的高等教育成本，是指培养一位合格的高校毕业生，国家、家庭和社会所耗费的全部费用，或学生在高等教育阶段，接受教育服务所耗费的资源的总价值。它主要由四部分组成：一是高校为培养学生所发生的一切资源耗费；二是学生个人或其家庭支付的学费和生活费用；三是政府和社会将资源用于高等教育而损失的收益，即公共机会成本；四是学生因接受教育服务而损失的收益，即个人机会成本。

狭义的高等教育成本，是指高等教育机构用于培养学生所耗费的，可以用货币计量的教育资源的价值，是一种通过财务系统专门的方法计算的实际成本，不包括社会和个人投资于高等教育丧失的机会成本。机会成本是通过投入在最佳使用状态下的价值来衡量的，是为了能达到最佳选择所花费的成本，而不是对教育支付的实际费用。

2．与高等教育成本相关联的两个概念

在目前的一些相关文章中，高等教育成本的概念总是与高校办学成本和高校教育成本纠缠在一起，使高校办学成本核算变成了一个复杂的问题。

（1）高校办学成本。高校办学成本是高等教育成本的属概念，指高校为培养学生所发生的一切资源耗费，既包括直接的有形损耗和无形损耗（如折耗），也包括间接的机会成本。由于在实际的核算过程中，个人和社会的机会成本属于理论意义上的成本，难以选取合理的标准加以计量，因而较难进行统计。在教育投资决策，如计算教育成本时应充分考虑，而在通常的会计核算办学成本中，可以暂时舍去，否则往往会因顾虑过多而迟疑不决。从会计学角度来看，高校办学成本是在高校一定会计期间内为了培养学生所耗费的一切资源的总价值，所耗费资源的补偿主要来自政府拨款、社会捐赠、学生交给学校的学费、住宿费和伙食费。

（2）高校教育成本。有学者提出了“高校教育成本”这一概念，认为它属于高等教育成本的下位概念，是指高校培养学生所耗费的费用，即高校为学生提供高等教育服务而耗费的教育资源的价值。高校教育成本显然和高校办学成本相同。为了增强概念的确定性，减少不必要的歧义产生，笔者认为，可以用高校办学成本涵盖高校教育成本。

（二）高等教育成本的构成

狭义上的高等教育成本，主要由以下几部分组成。

1．教学费用

教学费用即高校在培养学生的过程中直接用于教学的费用，具体包括：①直接服务于教学的教师的基本工资、绩效工资以及社会保障所缴费用；②直接用于教学的费用，如仪器购置费用、教学中的消耗性费用及其他教学物资购置费用；③教学辅助费用，如图书馆的建设、网络信息资源的购置、学术报告举行所需的费用等。

2．学生费用

学生费用即直接用于学生的各类费用开支，如奖学金、助学金、特困补助、学费的减免、学生的医疗费补助等。

3．科研费用

科研费用包括纵向科研费用和部分横向科研费用。参考美国卡内基教学促进基金会制定的高等教育机构分类，根据一定周期内纵向科研费用数量，将目前我国的高校分为研究型、研究教学型、教学研究型以及教学型四类，据此各类高校的办学成本应该有所区别。对横向科研费用，各高校都应该根据自己的实际情况将适当比例的科研经费计入办学成本之中。

4．社会服务费用

在办学成本构成中增加社会服务支出，是为了促进高校成为社会发展的助推器，引领社会前进的力量。例如，产学研基地和农业特派员费用等。

5．管理费用

管理费用即学校管理部门所发生的各项费用支出，具体包括：管理和服务人员的工资以及这些人员要维持学校的正常运转所花费的各项费用支出。至于后勤服务支出，应根据高校后勤社会化的改革要求，依不同情况具体对待。

6．折耗及修缮费用

固定资产都是有一定使用年限的，因而固定资产的投资应该按其使用年限分期计入办学成本之中。与之相关联的是，固定资产在使用过程中还需要不断维护和修缮，因此这笔费用也要计入相应期间的办学成本中。

此外，按成本对教育运行的功能可分为人员经费、公用经费和专项经费。人员经费包括基本工资、补助工资、其他工资、职工福利费、社会保障费和助学金；公用经费包括公务费、业务费、设备购置费、修缮费、其他费用和房屋折旧费等；专项经费包括按照项目管理的不在上述分类中的有专门用途的费用。

（三）高等教育成本的特性

1．成本补偿的间接性及滞后性

高等教育成本与制造业成本是不一样的。学费只是教育成本的一部分，不能完全补偿高等教育投入。高等教育成本的补偿不是发生在教育过程中，而是发生在学生毕业后所从事的各种工作之中。同时，与物质产品周期比较，高等教育成本回收期更长，往往要等到学生毕业之后通过就业或创业才会有补偿的可能。可见，教育资金投入产生效益具有明显的滞后性。研究发现，教育成本回收周期虽长、效益滞后，然而这种投入的效益是显性的甚至是倍加的，比一般物资生产领域的投入所产生的效益要大得多，并且这种效益是持久而稳定的。

2．成本核算区间的不确定性

在企业里，不同期间、不同产品的生产成本的界定是非常清晰、明确的。高等教育的中心任务是人才培养，教育成本投入涉及经济效益、社会效益。高等教育成本的界定在不同期间、不同专业乃至不同毕业生之间的界定存在较大的模糊性或不确定性，具体表现：第一，成本项目或要素内容的不确定性，即哪些费用支出应计入教育成本核算，目前没有一致的规定。第二，费用支出计入教育成本时数额的不确定性。高校教育成本项目部分费用支出要准确界定出计入成本的数额，存在相当大的困难，如科研支出等，为社会解决应用性问题所进行的科研，其成本支出较少与培养学生有关。第三，成本受益对象和受益期限合理划分不是一件容易的事。

3．单位成本递增趋势

在物资产品生产领域，随着科技进步和管理的加强，单位产品的生产成本是递减的。随着时间的推移，教育成本却在不断上升。造成教育成本递增的原因是多方面的，主要受资金取得额度大小、人才培养质量要求、现代科技在人才培养领域中的运用等因素的影响。事实上，高校教育并不以追求成本最小化为目标，相反，大量高校存在着追求成本最大化的倾向。美国教育家霍华德•R.鲍恩对此做过深刻的分析，他认为，院校的主要目标是办学成绩卓越、声望显赫、影响深远。为了追求这些有成果的教育目标，高校所需的费用实际上是无止境的，无论开支多少也难被认为足够了。也就是说，高校费用支出的刚性决定了教育成本不断递增的特性。

4．人力成本构成比例偏高

在我国高校成本构成中，人力成本一般占到经常性支出的50%左右，老牌高校更是接近60%，教育活动协作性强，教育资源共享程度高，各项人力投入具有综合性，如行政管理人员、教辅单位人员的工资性支出。尤其是随着教育改革的深入，许多地方高校非常重视高层次人才的引进，导致高层次人才引进费用不断增加，更加重了人力成本构成比例。

二、高等教育成本的核算和计量

（一）高等教育成本的核算

1．高等教育成本核算的含义

高等教育成本核算就是利用一定的技术手段和方法，对高等教育运行过程中各种费用的发生和成本的形成进行核算，以此确定在人才培养过程中用于一定人才对象的劳动价值耗费的总和。高等教育成本核算包括两个基本环节：一是按照规定的成本开支范围，对各项费用进行汇集，计算出为培养学生而支付的实际发生额：二是根据成本核算对象，采用适当的方法计算出高校教育总成本和学生平均教育成本。

进行高校教育成本核算是由高等教育固有的产业属性决定的，是市场和政府共同配置高等教育资源的内在要求和客观必然。由于高等教育具有明显的产业经济属性，在高校管理中理应引入经营管理的理念，如市场需求、投入产出、成本核算与补偿等方面。高校作为以人才培养为中心的事业单位，不像企业单位那样直接从事物质资料等有形产品的生产和销售，但同样存在着投入和产出，需要消耗大量资源。因而，在市场经济条件下进行高校教育成本核算，对微观办学和宏观教育管理都具有十分重要的意义。

2．高等教育成本核算的基础

高等教育成本核算的基础是指通过会计核算方法来计算成本所采用的记账基础。会计核算基础具体有四种，即完全的应收制、修正的应收制、完全的实收制和修正的实收制。从我国目前高校的实际情况来看，以修正的实收制为核算基础较适宜。

高校作为社会培养高级人才的非营利性组织，政府补助是其资金的重要来源。为了便于完整地反映各部门预算执行的情况，准确、及时地反映教育经费支出的情况，客观上需要高校会计核算对这部分预算资金进行反映。因此，现行高校会计制度要求会计核算采用收付实现制，在会计科目的设置上与政府预算收支科目保持一定的对应关系，与我国公共财政预算管理制度相适应，能够满足实施全面预算管理的需要。要进行教育成本核算，就必须按权责发生制原则，设置成本费用归集分配的会计科目，进行教育费用的归集与分配。为了既能在会计核算中反映国家预算教育经费支出，满足国家教育经费统计需要，又能在现行的会计核算体系下进行成本核算，满足高校内部管理和外部使用者的需要，比较可行的是：改革现行的完全的收付实现制为以收付实现制为主，同时结合权责发生制，进行会计核算和教育成本核算。

3．高等教育成本核算的基本内容

高校经费支出并非都属于教育成本核算的范畴。教育成本核算不同于一般的成本核算，也不同于高校的日常收支核算。因为高校的教育经费支出并不都是用于教育培养，如不承担教育教学任务的离退休人员的工资和其他费用等支出，原则上应计入教育成本。

（1）确定教育成本核算对象。确定教育成本核算对象是反映归集费用的对象。教育资源耗费的受益者应当是成本归属的对象。

（2）确定教育成本核算期限。成本核算期限应与“产品”的生产周期一致。由于高校的主导“产品”的生产周期即人才培养周期是以学制来确定的，所以人才培养成本的核算期限理应就是学制年限。考虑到人才培养的周期一般较长，以此作为人才培养的唯一成本核算期限又不利于及时加强成本控制，因此，结合高校学期、学年活动规律性较强的特点，以学期或学年为成本核算期限比较合适。

（3）确定教育成本开支范围。教育成本核算的过程，实际上就是费用的归集和分配的过程。为了正确归集和分配各种费用，应根据权责发生制和“谁受益谁负担”的原则，正确划分费用的归属期，由受益期的各受益对象合理负担。凡是由本期成本负担的费用，即使已经支付，也不能计入本期成本；各成本对象之间的费用管理应按成本受益原则来划分，按各个成本对象有无受益和受益程度来分摊。受益者分担成本，未受益者不分担成本，收益多少分担多少。具体来说，要划分以下几种费用界限。

1）划清各种费用界限，确定成本开支范围。组织教育成本核算，首先要根据教育成本内涵，确定高校发生的各项开支是否属于教育费用，应不应该计入教育成本。

2）划分收益性支出和资本性支出的费用界限。在高校的支出中，收益性支出是指在办学过程中发生的人员费用和公用费用等经常性项目的支出；资本性支出通常是为取得固定资产、无形资产等长期性资产而发生的支出。

3）划分应计入和不应计入教育成本的费用界限。高校发生各项费用支出包括教学费用支出、科研支出和基建支出等。高校投入的各种资源，只有用于培养学生所消耗的资源才能构成教育成本。

4）划分应计入和不应计入本期教育成本的费用界限。按照权责发生制的要求，确定不同期间的费用。只有采用权责发生制才能严格划分经费发生的受益期间，按照“谁受益谁负担”的原则分摊费用，科学地计算高校人才培养成本。

5）划分各成本对象之间的费用界限。为了正确计算各专业、各年级学生的教育成本，必须按照受益原则，把本期教育成本费用在各成本对象之间进行划分。

（4）登记教育成本费用明细账。计算各个教育成本对象的成本数额，必须通过费用成本的明细分类核算才能完成。因此，教育成本核算必须按规定的成本项目为各个成本计算对象开设有关的成本明细分类账户；应根据各种费用凭证，运用正确的会计科目和记账方法，将发生的各种费用正确地在各费用成本明细分类账户上进行记录，真实、全面地反映高校教育成本的耗费情况，以此计算各成本对象的成本数额。

（二）高等教育成本的计量

高等教育成本计量是提高经费办学效益的客观需要，也是不同成本核算对象公平分担成本的内在要求。通过高等教育成本的计量，可以为确定学费及财政补助标准提供主要的参考依据或方法。

1. 高等教育成本计量的特点

高等教育成本计量具有模糊性，主要表现在以下方面。

（1）成本构成项目的模糊性。教育经费支出中有哪些项目归属成本范畴，学术界至今意见不一，尚无统一规定。

（2）成本计算数额的模糊性。因计量方法的不同或分配标准的不确定性，使得某些支出项目较难准确计算出应计入成本的金额。如高校科研具有服务教学和服务社会的双重功能，其中计入教学成本的金额需具体分析。

（3）成本标准的模糊性。由于培养合格人才的具体标准尚未统一，因此培养学生必须投入的软件和硬件设备没有统一要求，培养学生的成本标准与成本定额没有明确界限。

（4）共同费用分摊的模糊性。高等教育由于教育活动协作性强、教育资源共享程度高，支出中共同性费用较多，使教育成本的核算较物资生产企业更为复杂。如图书资料、体育设施等投入均属于共同性费用，科学合理的分摊方法直接影响到成本计算的准确性。

2．高等教育成本计量的方法

高等教育成本计量的方法一般有以下三种。

（1）统计调查法。统计调查方法就是利用现成的高校财务资料或抽样调查获得的资料，经过适当调整而获取高等教育成本数据的方法。在目前的教育成本研究中，所用的教育成本数据一般是用此方法得到的。

（2）会计调整法。虽然迄今为止还没有进行教育成本核算，但是各个高校都存在教育经费收支的会计记录。利用这些现存的会计记录，经过调整，可将教育经费支出数据转换成教育成本数据。这一方法与统计调查法有一定的相似之处。如果统计调查的基础数据是会计记录，且将统计调查数据调整成教育成本时依据了会计核算的成本计量原则，这两类方法得到的结果就基本一致。因此，在没有进行教育成本核算的情况下，又要得到比较系统准确的教育成本数据，采用此方法比较适宜。

（3）会计核算方法。教育成本核算是利用会计系统，通过设置、登记账簿，记录教育资源的耗费，计算教育成本。只有会计系统的账簿记录，才能提供系统、准确的学校教育成本信息。因此，如果要系统、准确地计量教育成本，一般采用此方法。

3．我国高等教育成本计量的现状分析

（1）会计基础不同导致成本计量口径及方法不一致。首先，为区别资本性支出与收益性支出，大型设备购置费、基建（含大中型修缮工程）费不应该全部一次性计入当年成本，而应采取一定的折旧和摊销方法计入。其次，在收付实现制度下，离退休人员经费列入人员经费支出，但在计算教育成本时，一般认为，离退休经费支出不应计入高校学生培养成本，因为离退休人员与培养过程无关，反而在职人员的目前尚未发生的有关“五险一金”费用应该计入培养成本。随着新高校财务制度的出台，此问题将得到解决。

（2）经费支出的不同分类增加了成本计量的难度。经费支出按照支出用途而未按照支出方向进行核算，这不利于对成本计量对象进行归集和分配。例如，教师的科研经费计入学生培养成本的问题，对于高校来说，科研过程在很大程度上也是一个学生培养的过程。一般认为，教师的科研经费属于教育成本中的其他直接费用，科学研究使教师的水平不断提高，使教学方法、内容不断充实和更新，学生参与科研的过程也是进行研究训练和创新教育的过程。因此，其无疑也应该构成教育成本中不可缺少的内容。但是，科研经费中的学生培养支出如何科学地分摊，势必增加成本计量的难度。

（3）不同层次、不同专业的学生人数折算标准不一。在目前的计算方法中，由于投入无法按照成本对象进行核算和归集，即无法分开核算专科生、本科生、研究生的培养成本，因此，在计算学生平均成本时，分母采用折合标准本科生人数。这种折合方式有没有科学依据，如果没有依据，有没有更好的替代办法，这是亟待验证和解决的问题。

针对上述困难，我国并没有现成的教育成本核算资料，在实际工作中，往往是用现有教育经费统计资料和用相关统计资料估算高等教育成本。在分析高等教育成本时，都是直接用生均教育经费替代生均教育成本。这里要说明的是，利用教育经费统计资料和相关统计资料对教育成本进行估计是可行的，但毕竟是一种估算的成本，不能做到十分准确。从教育成本数据的质量要求看，它主要是为各级政府制定学费标准、拨款依据，为学生或家长了解教育成本，以及为学校内部成本控制提供信息。

三、新财务制度下高等教育成本的运行机制

高校教育成本核算的范围是一个交叉性的集合，一个多功能的整体和一个综合的系统。新财务制度下如何保障高等教育成本核算的有效运行，是一项复杂的系统工程。

（一）全面而深入地实施新的高校财务制度

近年来，社会各界对高校的财务会计信息的准确度和透明度要求很高，对与收费相关的生均培养成本的计算非常关注。高校财务管理实行基于权责发生制的成本核算和绩效评价，能够更准确、更全面地反映高校提供的教育服务所耗费的资源成本，更好地将投入与产出进行配比，对高校的财务状况和工作业绩的综合评价更准确、真实、客观。2013 年 1 月 1 日施行的《高等学校财务制度》（以下称新制度），从权责发生制要求和便于成本核算的角度，增加了如下内容。

1. 规定了费用的定义、计入方法及内容

费用是指高校在开展教学、科研及其他活动过程中发生的资产耗费和损失。界定费用概念是开展成本核算的基础。在权责发生制基础下，对不同类型的支出采取相应方式归集费用，是成本核算所必需的前提。高校的支出应当分为资本性支出和收益性支出。高校发生的收益性支出计入当期费用；发

生的资本性支出以资产折耗的形式分期计入费用。资产折耗包括高校的固定资产折旧和无形资产摊销。

2．进一步明确了费用核算的方法和内容

成本计算的过程实际上是一个将费用归集和分配到成本对象的过程。成本核算是指将高校业务活动中所发生的各种耗费按照核算对象进行归集和分配，计算出当期的总成本和单位成本。因此，费用归集后才能进行成本核算，而费用按其用途归集分为教育费用、科研费用、离退休费用、管理费用和其他费用。同时，将教学、科研的费用具体组成内容区分为人员费用、公用费用和资本折耗费用，将教学费用、教辅费用、学生事务费用均归并到教育费用。教育费用是指高等学校在教学、教辅、学生事务和其他教育活动中，发生的人员费用、公用费用和资本折耗费用。教育费用相当于人才培养成本的范畴。

3．其他间接费用的有关规定

（1）明确管理费用的组成，主要包括：高校行政管理部门发生人员经费、公用经费和资产折耗等费用；高校统一负担的工会经费、诉讼费、中介费、印花税、房产税和车船税等。将行政管理部门的费用和其他期间费用并入管理费用，有利于对管理费用的管理与控制。

（2）将“离退休费用”独立出来。离退休费用是指高等学校统一负担的离退休人员社会保障和福利待遇方面的各类费用，将其独立出来主要是考虑：高等学校是人力资本集中的地方，离退休人员费用比重较大且必须加以保证，如果将其归并到管理费用之中势必会加大管理费用的口径，不利于真实客观地反映管理费用。

（3）其他费用是指高校无法归属到上述费用中的其他各项费用，主要包括高校对附属单位的补助、上缴上级费用、财务费用、捐赠支出等。

（二）逐步建立全面成本管理体系

高校要像抓教学质量那样，推行全面成本管理，坚持专业管理和群众管理相结合的原则，形成全员抓成本管理的网络，使成本管理渗透到高校教育教学管理的各个方面、各个环节，真正形成人人关注成本、人人控制成本的新局面。

1．成立专门机构，明确成本管理职责

高校财务部门应设立财务成本管理科或高校教育成本管理中心，明确成本管理职责，定期向学校反映高校教育成本核算信息，为高校加强财务管理等提供准确的财务管理信息。从纵向上讲，要建立校、院、系三级核算体系，进而以院为基本核算单位，全面进行设备折旧、材料及低值易耗品摊销和成本费用的核算和管理。从横向上讲，就是要强化学校财务、财产、物资的管理，增强成本意识，制定配备标准。

2．制定切实可行的全面成本管理方法

从成本管理的角度看，高校办学成本高、办学效益低的原因，除成本意识淡化，主要是责任不清、措施不力、管理不严等。高校应针对这些问题，建立一套完整的成本管理保证体系，实现多层次的成本费用管理目标责任制，将成本费用目标层层分解、落实，建立横向分解落实到学校内部有关部门、纵向落实到教研室及教师个人的管理网络，并把成本管理目标责任制同经济责任制挂钩，贯彻责权利相结合的原则，把目标成本完成好坏与经济效益结合起来，奖优罚劣。

（三）建立各级财务成本管理的工作机制

虽然国家、各级教育主管部门和各级各类教育单位，都为提高教育经费使用效益提供了不少办法，做了不少工作，也开展了一些探讨，诸如教育规模效益、合并效益、经费支出绩效评价等，但是至今高校教育成本工作运行机制还未真正形成。

1．高校主管部门明确成本核算职责，加强对高校的指导

高校教育投资效益问题若不从规范成本、核算成本、降低成本入手，则好比“无本之木”和“无源之水”。因此，建议在高校主管部门内部建立高校教育成本核算工作机制。比如，在教育部财务司设立高校教育成本核算中心，各省（市）教育厅财务处明确专人负责高校教育成本核算工作。同时，指导高校开展成本管理。比如，可以通过实施高校教育成本核算试点工作，在试点的基础上将成功经验在全国高校内全面铺开，加快高校教育成本核算实践的发展步伐。

2．增设高校教育成本核算考核指标

在高校办学水平评估指标体系中，建议增设高校教育成本核算考核指标，加大指标权重，目的在于增强高校成本意识，促进高校财务管理科学化、规范化，并合理配置高校教育资源和提高办学效果。这对全面改善和加强高校管理，节约开支，防止或减少损失、浪费现象，从而提高学校发展能力有着积极的现实意义。

第三节　高等教育成本控制

高等教育成本管理是高校为了实现成本目标自觉地进行成本控制的活动和过程。其目的是控制教育成本，提高教育经费的效率，为多出人才、出好人才提供财务保障。教育成本管理是在学校经济运行过程中，通过对教育成本采取预测、计划、核算、控制和评估等一系列措施，以求达到用最合理的人力、物资、资金配置和耗费谋求最大社会效益和经济效益的一种管理方法。其中，成本控制是学校经济控制的基础，是现代成本管理的核心，应贯穿于经济业务的全过程。在成本控制中，应以制度控制为切入点，以院、系或部门为成本责任中心，通过对责任中心可控成本全过程的约束、调节和及时修正，保证成本计划的完成。

一、高等教育成本控制概述

（一）高等教育成本控制的基本界定

1．高等教育成本控制的含义

“控制”一词，一般被人理解为掌握和限制。在管理学中，美国旧金山大学国际管理和行为学教授海因茨•韦里克认为，控制是对绩效进行衡量与矫正，以确保企业的目标以及为实现目标所制订的计划能够得以完成。在经济学中，我国学者陈元燮认为，控制是按照一定的条件和预定的目标，对一个过程或一系列事件施加影响，使其达到预定目标的一种有组织的行动，或者说，是指一个系统通过某种信息的传递、变换或处理，发出指令，调节另一个系统的行为，使其稳定地按照既定的轨道前进，以达到预定的目标。罗绍德把成本控制描述为“企业在生产经营过程中，按照既定的成本目标，对构成产品成本的一切生产成本和经营管理费用进行严格的计算、分析、调节和监督，及时发现实际成本、费用与目标的偏差，并采取有效措施，保证产品实际成本和经营管理费用被限制在预定的标准范围之内”的一种管理行为。

一般认为，高等教育成本控制可以理解为：高校管理者通过预算等手段对教育成本进行规划、调节，并使其实际按照预期的方向发展，以保证教学、科研和管理活动的正常进行，保障学生的切身经济利益的过程。如果教育成本控制得好，就可以使高校的每一分钱都物尽其用，使高校的资金运转井然有序、事半功倍。但如果对成本不加以控制，对预算不加分析，对浪费熟视无睹，对超支不加以干涉，势必造成资金的无序使用，使得成本效益低下，进而影响高等教育的健康发展。

2．高等教育成本控制的内容

成本控制是一项系统工程。高等教育成本控制内容大体分为以下三部分。

（1）事前成本控制。事前成本控制也称成本计划控制，即科学地制定目标成本计划，力求对运行结果通过预算手段实行目标管理。成本计划的基础是成本预测，即根据学校的办学目标和实际条件及有关历史资料，采用科学的方法对各项目的成本进行预测，以此为编制成本计划提供依据。成本计划的主要内容实质上是人力、财力和物力的优化配置。

（2）事中成本控制。为确保目标的实现，在成本管理中还要重视教育运行过程中的成本控制，让成本管理渗透到每一个运行过程，即要做好事中成本控制。常用的方法：一是计划分解，也就是将成本控制的标准分解到各部门、岗位和各个阶段、环节，让部门领导和教职工都明确意义，并使成本管理与切身利益挂钩；二是事中分析，如日报、旬报及月报成本分析等；三是日常检查；四是日常信息沟通。

（3）事后成本控制。事后成本控制即通过成本会计核算对财务报表及其他渠道形成的信息，运用成本分析法，定期（一般是会计年度终了后）或定项（一般是项目验收交付后）进行综合分析、评价和考核，以总结经验、发现问题，并找出原因和提出控制措施。控制措施，主要是针对执行结果与计划的偏差提出的。根据偏差的大小和控制能力，控制措施常划分为两种：一种是通过改变预定目标来控制偏差；另一种是通过适当改变投入的标准、质量和数量，以及人、财、物、信息和系统结构等来提高系统控制力，使其尽快满足目标成本要求。

3．高等教育成本控制的原则

（1）重人才培养质量。人才培养质量的保障和提高是高等教育成本控制的出发点和落脚点。高等教育成本控制必须为保障和提高高校人才培养质量服务。如果高校只是单纯地控制成本，无视成本与人才培养质量的关系，其结果可能会影响人才培养质量。因此，没有一定质量标准的办学成本控制，将会抑制高校的人才培养质量，造成本末倒置的局面。高校要和谐发展，应当以人才培养质量为中心，其教学活动和教学辅助活动都要围绕人才培养质量展开；而高等教育成本控制作为重要的教学辅助活动之一，在其实施的过程中应当遵循优先考虑人才培养质量原则。

（2）全面成本管理。要提高教育成本效益，减少成本浪费，就必须动员校内各部门和全体教职工对教育全过程实行成本管理，减少各环节的成本浪费，全面提高成本使用效益。成本管理既涉及各部门，又涉及个人，提高每一个单位成本的利用效率要靠全员来实现。另外，为提高教育成本管理效益，学校需建立分级归口管理成本体系，每个项目应有专人负责，并按业务分类归口到有关职能部门，建立教育成本管理体系，推行教育成本管理责任制，从纵向和横向把好成本管理关，提高成本利用率。

（3）效益最优。高等教育成本控制必须坚持社会效益和经济效益相结合。由于教育的准公共产品的性质，很多人认为：高校所追求的效益应该仅仅是社会效益，如果高校只追求经济效益就会背离其性质，也会造成学生接受高等教育权利的不平等，造成高校的功利化倾向。而事实并非如此，高校也需要经济效益，但并不是要求高校要以营利为目的，而是希望高校以既定的投入发挥其最大的作用。在当今市场经济条件下，我国的高等教育发展也步入了大众化阶段，国家对高校的投资显得力不从心，高校的资金运转也显得捉襟见肘，为此有些高校不惜举债经营，加重了学校的财务风险。如果高校继续故步自封，那么高校的社会效益也将成为空谈。因此，高等教育成本控制，要从实现经济效益出发，最终实现高校社会效益的最优化，使我国高校实现可持续发展。

（4）例外管理。例外管理是西方国家的企业在管理控制中普遍采用的一种方法。高等教育成本控制要引入例外管理方法，使成本控制详略得当、有所侧重，应抓住高等教育成本中的“例外”问题首先解决，如果事无巨细、按部就班，势必造成管理的低效率。高等教育成本控制中的“例外”问题主要包括以下几类：一是成本的实际花费与预算相差较大的事项；二是高校需要临时高数额支出的项目，如某些教学仪器的购买；三是与学校的办学质量紧密相关的一些事项，如教师的引进成本、新的学科方向的筹建成本；四是对于高校来说性质比较严重的事项，如对于高校的高学费问题的应对、对于高校高额贷款的处理等。

（二）高等教育成本的考评及分析

1. 目标成本制度下的教育成本绩效考评

为了提高教育资源的利用效率，以最小的投入获取最大的产出，高校应当针对学校的特点，参考企业广泛实施的目标成本管理方法，制定出合理的成本控制制度。做好定期的成本绩效考核与评估，是现代成本控制的重要内容及主要环节之一。

（1）岗位成本目标的制定。实施高等教育成本控制责任制，关键在于各岗位成本目标的制定。作为成本控制的努力方向和衡量实际资源消耗水平的依据，成本目标的制定要遵循常态性。所谓常态性，既包括只考虑正常条件制定成本目标，也包括目标一经制定就应保持其相对的稳定性。制定高校的成本目标的一般程序如下。

1）测算全年可安排的教育经费来源即可支配经费财力。高校各项能够实现的、稳定的收入数据加总，测算本年度的学校总收入，扣除用于学校基建投资和其他与教育活动无关的研究、服务活动的开支，计算出下一年能够用于教育活动的经费总额。

2）测算全年目标成本总额。首先，高校按照确定的招生规模，计算出学校在校生总额。其次，在不计算专职研究人员、服务人员的条件下测算出生师比和教职工（不含离退休人员）报酬。最后，确定生均人员经费支出。同理，还可以测算出生均公务费支出、生均业务费支出、生均修缮费支出、生均折耗费支出等项目。

按照成本项目构成将以上项目加总后，即可测算生均教育成本和全校教育总成本。这里的全校教育总成本，如果超出全年可安排的教育活动经费总额，就依上述各生均经费指标下调。通过这样的方法，可测算出下年全校教育活动的目标成本总额，即下一年全校教育活动的成本上限。

3）层层分解全年目标成本总额。具体有以下三层：首先，由学校根据预算等文件将下一年全校教育活动的成本总目标分解到各职能部门；其次，再由职能部门根据年度任务分解到各学院和全部门；最后，由学院具体分解到具体岗位，各个岗位依据所涉及的学生人数，并结合特定的误差修正值来确定具体的成本目标数额。

正如前述，由于高校教育成本计量的特性会导致制定目标成本比较困难，所以高校的成本总目标如何分解为各个岗位的成本目标，以及这种分解是否具有合理性都需要认真研究。在制定过程中，要注意以下两点：第一，在技术方法上只适合采用直接制定目标成本一种方法，而企业可采用直接制定和根据目标利润制定两种方法。第二，制定过程的专业性和群众性的有机结合。

在参与的部门中，一般由财务部门牵头，教学、科研、人事等有关部门选派人员参与，而这些人员在业务上对教育成本比较熟悉。

（2）教育成本控制绩效的考核与评估。成本考核是指定期对成本目标的实际完成情况进行测评和总结，以督促各岗位做好成本控制，提高目标成本控制水平。目标成本的考核必须与责任制结合起来，对成本考核的结果还应进行一定的分析、评估，以得出基本评价。一般认为，进行各岗位的绩效考核并不难，难的是经考核所得的绩效如何评价。这首先是因为考核的目的只是侧重降低成本水平，而评价的目的更多地强调教育效益的提高。成本降低不一定就意味着效益的提高。另外，高校的教育成本控制绩效不如企业的易于处理，也导致其评价的困难。高校的产出主要是其提供的教育服务，产出指标中除了少量经济指标，大多数都是教育指标，如果照搬企业的做法，将教育指标倾向化，必然会造成极大的误差。

可考虑用模糊数学的方法来评估高校教育成本控制绩效，因为模糊数学能够处理这种同时包含定性指标和定量指标的评估数据，暂且把这种方法称为模糊综合评估法。模糊综合评估的基本思路是：首先，按照专业性和群众性的要求，成立专家组作为成本评价专门工作机构；其次，请专家组对成本评估指标和权重提出意见，在他们的帮助下正式确定指标体系；最后，请专家组对高校教育成本控制责任制的具体实施进行认真的调研，结合指标体系进行计算，并根据结果对成本控制绩效做进一步的综合评估。计算时先对指标体系最低层次的项目进行模糊综合评估，然后层层上升，直到对一级指标进行模糊综合评估，计算出综合评估值为止。

2．高校办学效益分析

（1）高校办学效益分析的基本原理。按照现代经济学理论的解释，高校的产生及功用是和外部性特征密切联系的。一方面，利用正向的外部性特征，以连带性、非排斥性功能，为社会提供高质量人才，满足社会共同偏好，促进社会经济发展；另一方面，可以帮助克服负向的外部性，平衡社会的不同偏好，克服“市场失灵”，实现社会公平与正义。同时，高校作为一种实现帕累托最优的资源配置的机构，其存在会减少人数众多时获取个人关于公共物品和外部性偏好的信息所需的交易成本和谈判成本，可以这么理解，高校的产生站在整个社会的角度是为了降低整个社会的教育总成本。高校在处理与社会的外部关系时，目的是减少社会成本。高校真正意义上的讲求成本，必然要理顺教育行为中直接成本与间接成本、业务成本与非业务成本、必要成本与连带成本之间的关系。如果使这些可操作性的机制形成制度性的规范，约束其行为，就可以在相当程度上减少浪费。

（2）高校办学效益分析的方法。办学效益指在保证办学目标方向的正确性，并在给社会带来有效成果的前提下，办学活动的产出与投入之间的比率，可用公式表达为：办学效益＝办学产出／办学投入。其中，办学投入即为办学成本，高校办学效益则可表达为：高校办学效益＝高校办学产出／高校办学成本。

二、高校经营视角下的成本控制探析

（一）高校成本控制的现状分析

1．建立“统一领导、集中管理、集中核算”的财务管理体制

“统一领导、集中管理、集中核算”是指高校的财务收支在校长（或院长）的统一领导下，由学校的财务部门集中管理，不设二级核算单位，统一财务收支计划、财务管理制度、预决算、资源配置。同时，高校必须建立健全校（院）长经济责任制；高校必须按照学校管理层次，分别建立各部门、单位行政负责人的经济责任制以及各级财务主管、财务人员的经济责任制，构建多层次的经济责任体系，将财经工作的任务和责任层层分解并落实到校内各部门、单位直至个人。到目前为止，大部分高校已经按照层次分别建立了校长、分管校长或总会计师、财务处长和基层单位负责人等若干层次的经理负责制，并在财务收支过程中实行财务“一支笔”领导审批制度。

2．实行综合财务预算制度

财务预算是高校成本控制的重要方法，也是成本管理的组成部分，是高校进行各项财务活动的前提和基础，是日常组织收入和支出的依据。它不仅要反映学校年度内的工作内容和需要完成的事业发展计划，而且要反映学校事业发展的规划和方向。

3．地方高校成本控制存在的主要问题

（1）成本控制意识淡薄。地方高校的管理者大多受传统体制的影响，认为高校只存在社会效益问题，不存在经济效益问题，因此对于学校的办学成本只是粗放式的管理，成本计量的目的仅限于使国家在统计和投资时有一定的依据，却没有认真考虑怎样对其科学、合理地使用以及怎样使有限的办学

成本在保证教学并能最大限度地提高人才培养质量上有效使用。虽然国家对大多数高校的投资连年增加或对某些学校进行高额的重点投资，但其人才培养质量却不尽如人意，最终导致一些高校办学既没有经济效益，也没有预期的社会效益。究其原因，这与一些高校的管理者成本控制意识淡薄不无关系。

（2）尚未建立系统的成本控制理念。目前我国大多数地方高校的办学成本控制理念还处在探索阶段。一般认为，高校的成本控制不应只是沿用企业的成本控制理念，一味地降低成本，而高校成本低并不意味着人才培养质量的提高，有些情况下两者是相悖的，如班级容量的增加、师生比的加大、由报酬较低的讲师代替有经验的教授讲授某些课程，这些措施虽然对降低办学成本立竿见影，但无疑是在牺牲质量的前提下实现的。因此对高校成本控制的合理使用，应在保障质量的前提下进行探讨。

（3）未充分发挥财务等职能部门的成本控制职能。我国高校财务部门的职责大多仅是从事财务收支、报账等一些简单的职能活动，没有将责任扩展到成本控制的领域，可以说无法满足现今大学对财务管理的需求，对高校的发展没有发挥其应有的作用。同时，我国高校财务部门的人员结构不合理，专业知识理论已不能适应时代的发展，无法将新的成本控制的理念和方法应用到实际工作中，更谈不上从成本合理化的角度对大学的发展规划提出切实有效的建议，所以我国高校的成本管理的职能有待加强，我国高校的财务管理人员的素质也有待提高。

（二）高校经营理念下成本控制的特征

通常所说的成本控制都是通过节约成本来实现的，即通过工作方式的改进和制度约束来节约成本，但这只是成本控制的一种基本形式。随着高校管理理念的更新及经营理念的引入，高校成本控制显现了如下特征。

1．站在战略高度理解成本动因

对于当前高校成本动因的理解应站在战略高度上进行，不仅包括高校活动中各种有形的资金投入和人力成本消耗，更应包括高校的办学规模、环境因素、组织结构、决策、办学理念等无形的成本动因。对成本进行有效的控制，要求高校经营理念的转变、各个部门的协调和共同努力。

2．时间价值在成本控制中的作用日益突出

只要资源是有限的，时间就是一个非常重要的因素。随着我国市场经济体制的逐步完善，时间价值在成本控制中的作用日益突出。这里的时间价值有两层含义：第一，对于高校有促进作用的投入，在时间上越早越好：第二，货币的时间价值对成本核算是必要的。

3．成本控制不等于单纯的成本降低

高校成本控制的终极目标是从根本上避免成本的发生，实施成本的源流控制。成本避免的理念在于从经营的角度去探索成本降低的潜力，事前的规划、调研、论证重于事后的修改、调整，避免不必要的成本发生。这需要在办学定位、在校生人数规划、专业设置、新校区选址、基建规模及资源共享等方面对高校的业务活动进行整体重组，以避免不必要的业务流程，达到成本控制的目的，这是一种理念上的变革。高校成本控制的目标是以最低成本实现高校价值最优化，是一种相对的控制。

（三）加强地方高校成本控制的措施

1．转变管理观念

高校的管理者要改变原来计划经济体制下养成的“等、靠、要”的思想，进行高校成本管理的心理调整，树立与社会主义市场经济相适应的成本管理观念。这主要从以下三方面进行：第一，树立高校是成本管理主体的观念。学校的各级领导和广大教职工都是成本管理的主要承担者。第二，树立经营的观念。经营思想是成本管理思想的重要组成部分，核心就是要树立成本效益意识，少花钱多办事。不管是高校进行基本建设、维持正常运转，还是进行科技成果转让、与企业进行合作等，必须适应市场经济的发展要求，在完成学校培养人才的根本任务的前提下，用经营企业的思想来经营学校。第三，树立竞争意识。目前高校与高校之间的竞争已成为教学质量、人才培养质量、服务社会的能力强弱的竞争。只有用有限的财力、物力和人力向社会提供高质量的教学、科研服务，才能提高自身的竞争力，才能吸引更多、更好的学生到学校来学习。

2．健全组织机构

在转变广大教职工观念的基础上，学校必须建立健全成本核算、成本控制和成本管理的组织机构。

（1）明确学校成本控制机构。一般是在已成立的校财经领导小组下，明确成本控制的职责，由校长任组长。其他成员由财务专家、各院院长和主要部门的负责人组成，负责领导全校成本控制和成本管理工作，审核学校年度预算、决算并监督其执行情况。

（2）明确财务处成本核算的职能，增设有关成本核算类科目，进行相应的账务处理和成本报表的编制。在目前高校还没有全面进行成本核算的情况下，同一笔支出可以在按照现行会计制度做账的基础上，再按照成本控制的要求进行成本核算的有关记录。

（3）赋予审计处成本费用审计的职能。随着教育成本纳入学校管理的视野，学校审计处也应该及时跟进，充分发挥内部审计在成本管理中的作用。审计的主要内容可分为教育成本审计和专项经费审计两部分。审计的重点应该以审查成本费用的合规性、合理性和有效性为主。通过内部审计，为学校提出控制教育成本的建议或措施。

3．发挥高校经营与成本控制的协同效应

为达到优化资源和提高成本控制水平的目的，应充分发挥高校经营与成本控制的协同效应。

（1）设立大型贵重、精密仪器设备管理部门，实现各部门的有偿共享，这样可避免校内不同院系、部门之间的重复投入，提高设备的利用率。

（2）争取或尝试建立校际、校企、校所设备及数字图书等资源的共享平台。

（3）鼓励校内师资跨院上课，最大限度地挖掘既定师资力量的潜力。

例如，以教研室或实验室的资源优势为基础，打造教学、科研、经济功能并举的综合实体平台，既能避免资产闲置、发挥教师的积极性，也能加快科技创新、科技成果的产业化进程。同时，在综合平台发展中传递有关市场信息，改革人才培养模式，及时调整、完善专业设置和课程体系，有针对性地提升师资专业实践水平，突出专业培养实践特色，形成良性循环。利用综合平台发展能有效克服校外实训场所受生产及经费制约大、轮岗机会少的缺陷，针对学生的专业特点和自身特长，有效安排多种技能、多种岗位的实训，真正落实实践教学的计划和要求。

三、地方高校成本控制的基本规范

（一）高校成本控制基本规范概述

教育成本控制基本规范是教育成本控制管理行为的基本标准，是对教育成本控制管理人员和教育成本信息处理具有约束、评价和指导作用的一系列基本标准。

1．高校成本控制基本规范的特点

虽然高校成本控制具有企业财务成本管理的部分共性，但是一般认为，高等教育成本管理基本规范的特殊性源于教育具有特定的经济效益及社会效益。与物质生产部门相比，高等教育成本投入所带来的经济效益具有较高的不确定性、间接性和迟效性等特点。作为整个社会大系统中的子系统，高等教育的社会效益可以体现在政治、经济、文化等多方面。正是这样，决定了高等教育成本管理不是完全或真正的市场意义上的成本管理。高等教育覆盖广泛的、含义丰富的社会功能决定了不可能完全随着市场经济的建立而变为一种“市场教育”，那么，地方高校成本控制基本规范也就不可能完全按照企业财务成本管理模式去制定和运行。更确切地说，高校成本控制基本规范的特点更多地体现在教育产品的特殊性。

2．高校成本控制基本规范的作用

确立教育成本管理基本规范的主要作用和重要意义就是希望实现教育成本信息生产的标准化，解决教育成本信息失真问题。成本控制基本规范是高校实施成本核算、成本评价的依据。成本信息的产生不能是片面的、无规则的甚至是主观的，否则，教育成本信息对于使用者就毫无意义，甚至会误导进而影响学校经济决策。教育成本管理基本规范既包括采用法律形式的具有强制特征的成本管理规范，又包括采取自律形式的具有自主性特征的成本管理规范。可以这样认为，高等教育成本管理基本规范为设计合理有效的成本管理行为模式提供依据。此外，由于成本信息的产生与有关各方面的经济利益密切相关，成本信息的使用者必然关注成本管理工作的质量，因此，对高校成本执行结果的评价，都要求在全社会范围内对成本管理工作的质量得出结论。

（二）地方高校成本控制基本规范的建议

1．更新成本观念

成本意识是现代成本管理中一个最为基本的立足点。现代成本意识意味着学校管理人员对成本管理和控制要有足够的重视，把降低成本的工作从管理部门扩展到其他各个部门，形成全校全员式的降低成本格局，形成贯穿学校各部门的“组织化成本意识”，并将降低成本从战略布局的高度加以定位，确立具有长期发展观的“战略性成本意识”。更新成本观念具体体现在以下两点。

（1）成本效益观念。高校的一切成本管理活动应以成本效益观念作为支配思想，从“投入”与“产出”的对比分析来看，“投入”（成本）的必要性、合理性，即以尽可能少的成本付出，创造尽可能多的价值，为学校获取更多的经济效益、社会效益、教育效益。这里值得注意的是，“尽可能少的成本付出”，不是节省或减少成本支出，而是指运用成本效益观念指导学校改进工作。如在进行调查分析的基础上，认识到若在原有功能的基础上新增某一功能，会提高学校的综合实力，因此尽管为实现新增功能会相应地增加一部分成本，但这种成本增加是符合成本效益观念的。这种教育成本观念可以说成“花钱是为了省钱”，是成本效益观的体现。

（2）成本动因观念。在分析有关各种成本动因的基础上，开辟和寻找成本控制的新途径。因为人具有最大的能动性，高校成本当然也会受到人为因素的驱动。例如，教职工的成本管理意识、综合素质、集体意识、工作态度和责任感、人际关系等，都是影响高校成本高低的主观因素，都可将其视为成本的重要驱动因素，从成本控制角度看，人为的主观动因具有巨大的潜力。

2．引入作业成本法

作业成本法的核心思想是“产品消耗作业，作业消耗资源”。作业成本法的特点，一是以作业作为核算的核心和重点，将成本核算深入到作业层次；二是对于间接费用的分配，采取按引起间接费用发生的多种成本动因进行分配，并追踪到最终产品成本，使计算结果更加接近实际。高校作为教育产品的生产部门，其生产过程也就是高等人才的培养过程，这一过程按其价值链展开是由若干环节组成的，每一个环节又可以根据具体的成本管理需要和经济效益原则定义为一项或几项作业，每一作业都要发生一定的成本。

3．建立成本管理体系

成本管理基本规范是由一系列的成本管理行为标准组成的一个完整体系。例如，从法律规范角度包括了与成本管理有关的法律和教育法规；从理论规范角度包括了成本管理目标、成本管理原则、成本要素、成本核算基本前提、成本信息处理程序和方法等；从技术角度包括了对成本核算实务处理提出的要求和准则、方法和程序以及成本管理职业道德规范等。

第五章 高校财务绩效管理与控制研究

人们对绩效的定义主要有两种观点：一种观点认为“绩效是结果”；另一种观点认为“绩效是行为”。绩效是指对在特定的时间内，由特定的工作职能或活动所创造的产出的记录工作的结果，说明绩效是工作任务的完成、目标的实现以及所达到的结果或产出。表示绩效结果的相关概念有职责、关键结果领域、责任、任务及事务、目标、生产量、关键成功因素等。美国领导力研究中心的罗纳德·坎贝尔指出“绩效是行为”，认为绩效并非产出或结果，并清楚地说明，“绩效是行为的同义词，它是人们实际的行为表现并且是能观察得到的，它包括与组织目标有关的行动或行为，能够用个人的熟练程度（即贡献水平）来定等级（测量）”，绩效不是行为的后果或结果，而是行为本身。

目前，地方高校在绩效管理的具体实践中，采用广义的绩效概念，即包括行为和结果两方面，行为是达到绩效结果的条件之一。这一观点在绩效管理学家布罗姆布朗奇（Brum brach，1988）给绩效下的定义中得到了很好的体现。他认为：“绩效指行为和结果。行为由从事工作的人表现出来，将工作任务付诸实施。行为不仅仅是结果的工具，行为本身也是结果，是为完成工作任务所付出的脑力和体力的结果，并且能与结果分开进行判断。”这一定义告诉人们，当对绩效进行管理时，绩效目标分为结果指标和行为指标，既要考虑投入（行为），也要考虑产出（结果）。因此，绩效的含义应该包括结果和行为两方面，即工作中应该做什么和如何做。一所高校要想在激烈的社会竞争中实现自身的发展，履行自己的职责，拥有一支高素质的教师队伍成为高校发展的重要保障，那么完善、科学的高校绩效管理体系就是实现这一目标的一个重要手段。目前我国高校在绩效管理工作中存在许多问题，如绩效评估制度科学化不够、评估理念陈旧、评估人员专业化不强、评估结果沟通不充分等，这些问题严重影响了管理的质量及教师积极性的提高。

第一节　整体计划控制

人们认为一个高校的管理，特别是地方高校的管理包括许多过程，如确定高校的目标、根据目标确定行动方案、根据方案要求进行组织和领导业务活动、调节与控制活动和检查高校的教学管理活动等。在这些过程中，首要的是对高校的教学与管理，要有一个整体的、可行的构想，既要确定目标，又要制订策略、政策和计划，拟定决策。这个过程一般称为整体规划阶段，即计划阶段。广义的计划定义是：从各个抉择方案中选取未来最适宜的行动方针。它不仅是最基本的一项管理职能，而且是实施其他管理功能的基础，任何高校的决策者都必须根据计划组织、配备人员、领导和控制活动。之所以把计划也列为控制活动，不仅是因为计划本身就是一种控制方式，如预算控制；还因为计划与控制关系密切，以至于无法加以明确分离，无论是从管理理论上，还是从管理实务上，都很难加以区分。如对教学活动所进行的整体管理，有的高校称为“教学规划”，有的则称为“教学控制”，规划和控制是建立整体管理方式的基础。有人认为计划仅包括制订管理计划（短期计划）和行政管理准则（长期有效计划）；还有人认为计划工作内容包括选择高校及部门的目标，以及决定实现这些目标的方法，当然包括制订战略、政策、具体计划以及拟定决策等。整体计划控制是实行目标控制的一种合理的方法。这种方法不能离开具体的计划与决策，同时还要考虑未来教学环境的变化，它应该是一个开放系统的管理工作方法。

一、计划控制的方法

为了使高校能够取得良好的工作成效，最重要的任务就是明确总目标和一定时期的目标，使每个人明确组织期望他们去完成的目标及其实现目标的方法，这就是人们常说的计划职能。无论是一个高校整体，还是高校所属的各个部门都有其未来行动方针的许多可供抉择的方案，计划工作就是从中选取最适宜的方案，即要为高校及其部门选定目标并确定实现目标的方法。因此，计划工作的实质是选择，只有在出现需要选择的行动方针时，才会产生计划问题。计划也就是要做出决策。计划就是预先决定要去做什么、如何做、何时做和由谁做。计划可以使那些本来不一定发生的事情变得有可能发生。

虽然准确地计划未来是不太可能的事，因为人们无法控制不可控因素的干扰，但是如果不去做计划，许多事情只能听之任之，管理工作就会变得毫无头绪、一团乱麻；如果计划工作做得不好，几天之内就会出现差错。任何高校都会受到经济、技术、社会和政治等外部条件的影响或冲击。变革和经济发展虽然给地方高校带来了机会，但是也带来了风险，计划和其他管理职能一样，已成为地方高校生存的必要条件，其任务也就是在利用机会的同时，使风险降到最低。计划工作可以促使高校把注意力集中在目标上，并致力于实现目标：计划工作具有预先性，可以弥补情况变化和不肯定性带来的问题；计划工作还具有领先性，它为其他管理行为提供了基础，指明了出发点；计划工作把高校所有人员的活动纳入控制之中，具有控制作用；计划工作有利于高校提高工作效率，达到经营上的经济合理性。要想使计划工作能充分发挥其功能，根据现代计划发展新趋势，计划控制设计应遵循以下原则。

（1）选择正确的设计程序。计划设计程序由两种不同的思想决定：一是保守的导向；二是前进的导向。以教学部门的活动作为整个地方高校活动的指导中心，即为保守的导向。这种思想适宜于竞争不激烈或根本无竞争的教学环境，可以把全部精神和时间集中在教学、科研上。

（2）重视中、长期计划编制。传统的计划，以一年为一期的年度计划为主要内容，不注意建立目标和进行长远规划，往往导致地方高校只了解近期行为，而不了解未来发展，过一年算一年。计划既然包括任何一种未来的行动方针，应该拉长计划时间，否则难以进行发展控制和目标控制。目标性计划分为永久计划和长期计划两种。高校某种目标具有永久的指导作用，没有确定的止境及数量标准可供衡量，如高校的创建目标、基本的使命等即为永久性计划。高校设立的未来 8～12 年（甚至 20 年）的全面努力目标，即为长期计划。这类目标计划也只规定粗略的目标数字，而无具体的实施手段和措施。目标性计划适应高校进行长远控制、经营方向的控制，有助于克服高校的短期行为。

高校设立的未来 4～8 年内各部门努力发展的目标及战略，称为中期计划。中期计划主要用以执行长期计划，有助于长期目标的贯彻与逐步实现，所以也称发展计划。

高校设立的一年内应完成的目标，即为短期计划或年度计划。它主要用以实施中期计划的目标及战略。短期计划除年度计划外，还应包括高校产销部门制订的半年计划、季度计划、月份计划及每周进度安排等。这类详细计划不应只含有金额收支数字，最重要的是应该有工作目标、方法、进度、负责人和经费预算等实质内容。

从本质上讲，任何计划过程的结果，都在于建立某种形式的目标。高校各层次主管参与计划过程，既制订短期计划，又设立长期计划与中期计划，其目的是形成一套上下、远近相互关联的目标体系。长期目标表明与制约着高校奋斗目标，中、短期目标是长期目标的分解与落实。高校上层主管的目标和手段，制约着中层、下层的目标和手段，中、下层的目标总是上一层次的手段之一，这样层层相连，就形成了完整的目标手段链，否则就谈不上目标控制。良好的目标体系，应具体规定项目名称、数量水平、绩效衡量标准和完成时限等。

（3）建立整体的计划预算制度。只有充分认识计划的多样性，才能编制出有效的计划，才能建立“策划、规划、预算”制度，以贯彻整体性、系统性目标管理精神。整体计划预算制度主要包括以下三个过程。

1）策划：主要指对目标、方针、政策的斟酌考虑。

2）规划：以确定贯彻目标、方针、政策的执行方案。

3）预算：在策划、规划基础上进行详细的经费预算。

4）注意授权管理的加强。计划要有利于最高主管把握决策权，经由“责任中心”体制，分别授予各级主管，使其可能有效地发挥策划、执行、控制的机能。如要把用人、用钱、工作等权力，分别授给利润中心、成本中心与工作中心等，以利于进行利润控制、成本控制、工作量与进度控制。凡造成失控达不到目标者，应追究其应负的责任。

5）注重信息系统的建立。决策的制定，有赖于充分、正确与及时的信息。因此，进行计划工作，必须注重相应的信息系统的建立与管理。信息系统的管理工作有利于获取高校外部与内部的各种信息。高校需要从外部获得政治、法律、经济、技术、金融机构及投资者等方面的情报，也需要从高校内部获得教学、人事、财务、研究发展等方面的信息。

二、计划控制的设计内容

（一）目标

目的或目标不同于希望，它们产生于严密而具体的思维，并使人员和组织为了实现它们而努力。目标的实现程度应当可以验证。目标能起到激励作用，并把个人的工作积极性引导到部门和高校的改善管理中，以提高经济效益和社会效益。任何管理者最基本的责任应该是保证组织有一个把个人、部门和高校目标结合在一起的目标网。这个目标网应既有总目标又有具体目标。

任何地方高校都有一个社会赋予它们的基本职能和任务，这就是设立高校总目标与使命的依据。为了系统地阐述高校一定时期应达到的有意义的目标，就必须明确它的总目标或使命。但是不少高校对自己的使命往往是模糊不清的，一时很难回答。要确定一个高校的总目标或使命，应确定高校的服务对象，了解服务对象的期望和要求，以及满足服务对象的需要，逐渐明确高校自己的使命。地方高校的一般使命或总目标是赚取利润，因此就要有利润的基本目标，要实现这种目标，必须通过从事各种活动、逐步明确方法、实现各种具体目标和完成具体任务。

一定时期的目标或各项具体目标是高校教学活动所要实现的结果，它们不仅是计划工作的终点，也是各项组织工作、人员配备、领导工作和控制活动所要达到的结果。高校一定时期的目标构成了高校的基本计划。一定时期的目标或各项具体目标一定要根据高校的总目标、教学状况和教学环境来决定，而不是表现为某个具体的质量目标、数量目标。

目标具有等级层次性，由总目标或使命、一定时期的全部目标、专业性的全部目标、所属高校的目标、部门目标及个人目标组成；目标具有网络性，一个高校的所有目标是相互联系、相互支持的；目标还具有多样性，无论哪一层次的目标都是多种多样的。

设计目标有两种方法：一是传统方法，二是目标管理法。传统方法是由上级决定目标，并把它强加给下属。这种方法可能会引起下属的不满，也不能充分发挥下属的才智能力，存在着严重的弊端。目标管理法，是让下级在上级确定的范围内建立目标，如上级提供范围，下级就目标提出建议，上下级取得一致意见后，制定目标，下属对自己的工作进行计划和控制。目标管理过程包括先确定最高主管部门的目标、明确组织机构的目标、确定下属人员的目标等。目标管理法有利于管理工作水平的提高，有利于明确组织机构的作用与状况，能诱发人们对自己的工作成效控制承担责任，能使计划工作更加有效，有助于开展有效的控制工作。目标管理的评价方法、激励方法、系统方法及长远看问题的方法，在管理中得到广泛应用。但是目标管理法也存在着原理不清、指导方针不明、难以确定、趋向短期、不灵活、未形成网络、随意武断、没有坚持可考核性、过分强调数量指标、标准不适当等弱点。

（二）策略、政策和计划

1．策略（战略）

策略或战略是一种军事术语，含有一种对抗的意思，是现在普遍用来反映地方高校教学、科研的一种概念。军事上的战略，是指计划军事行动和战场的部署等。地方高校管理上的策略是把高校置于有利的环境之中，做出最基本的和具有深远意义的计划，意指为全面实现目标而部署的工作重点和资源利用的方法。策略既包含目标、政策，也包含教学计划。策略的总目标就是通过一系列的主要目标和政策来决定和说明所设想的高校状况。策略指明了一个统一的方向、重点的部署和资源安排，但不确切说明如何实现目标，主要是针对高校的经营思想和行动而言的。策略具有的控制作用不仅在于它能够根据高校的弱点与力量制定出解除外部威胁与抓住机会的对策；还在于它是最高管理部门的职责，是一种对各级都有制约作用的精神；同时还在于策略是一种长期观点，而不是短期行为。

2．政策

政策也是一种计划，主要表现在计划中的文字说明，以此沟通或指导决策工作中的思想和行动。所以有人说政策是决策的指导方针，一种政策反映一种目标并指导管理者和职工通过思考与判断接近目标。政策的范围包括制定政策、保证政策和目标的一致性、促成目标实现。政策有助于将一些问题处理方式先确定下来，使不同的人面对同样的问题选择相同的处理方法，并给其他计划提供一个全局性的概貌，从而有利于管理者控制全局。政策的规定有利于缩小决策的范围，限定了决策的幅度。政策层次与机构设置层次相适应，如有高校政策、部门政策及基层的小政策。政策也往往和某一机构职能相关，如财务政策就与财务职能相关。

一个高校有多种多样的政策，如有招工政策、提拔政策、奖励政策、职称政策、奖励政策等。所有政策一般可以分为明确的政策和含蓄的政策两类。以书面的或口头的做出规定，即为明确的政策，它向决策者提供了选择方案的依据。如把政策寓于既定模式的决策之中，并不写出或说出，即为含蓄的政策。有人往往把政策理解为规划，这是错误的。因为任何政策都是鼓励自由处置问题和进取精神的一种手段，它虽然有一定的限度，但也有一定弹性，它只是决策时考虑问题的指南，而不是规则。此外，政策既然是为了促使目标的实现，就应当具有一贯性和完整性。这就需要尽量使高校各项政策有明文规定，需要减少政策制定的主体，并尽量做出统一解释以助于控制政策。

3．计划

制订教学计划包括做出具体的安排以及完成由策略计划确定的目标和政策。教学计划确定了为实现目标的方法、财力和时间。教学计划是策略计划的产物，是一种为了在一定时间内达到某些特定目标，在考虑有关的环境之后所采取的手段。教学计划应详细地反映出计划内容，计划何时、何地执行，如何执行和何人执行等。综合性计划也叫作规划，即包括为实施既定方针所必需的目标、政策、程序、规划、任务委派、所采取的步骤、使用的资源以及其他要素等。教学计划的类型有以下几种。

（1）程序、规则。正如政策是思考和决策的指南一样，程序是行动的指导。它规定了如何处理未来活动的例行方法，详细地说明了必须完成某种活动应当采取的准确方式。程序在一个高校无处不有，而且多种多样，越到基层，其规定的程序点就越细，数量也就越多，其原因是要更加审慎地进行控制。程序和其他计划一样具有层次性，如果政策只是指导决策的方针，那么程序就是一种决策的结果或实现目标的方法。如高校政策规定职工可以享受休假待遇，那么程序就要规定如何具体执行这种政策，如确定采取轮休方式，以免影响生产；规定假期内工资支付办法及差旅费报销范围；规定申请休假方法及应办理的手续；规定销假与报销的办法等。程序虽然不能保证达到令人完全满意的效果，但有益于特别业务的处理，有益于节约时间和精力，促使业务处理的规范化和制度化。

规则也是一种计划，它是一种最简单的计划。它与其他计划一样，也是从抉择方案中所选取一种行动或一种处理问题的方法。规则要求按一定的情况采取或不采取某种特定的行动，它不同于政策，虽然规则也起指导作用，但人们运用它们时，没有自由处理权。规则与指导行动的程序有关，但它不说明时间顺序。可以把程序看成一系列的行为规则，但规则不一定都是程序的组成部分，因为有些规则可以单独出现或不连贯出现，如“禁止随地吐痰”或“禁止在教室内吸烟”等都与任何程序无关。

（2）预算。预算是决定某一预计时期内（一般为一年之内）收入和支出量的计划。预算，作为一种计划，是以数字表示预期结果的一种说明书。预算，有反映收支的财务预算；有涉及经营方面的，如费用预算、教学预算等；有反映资本支出情况的，如基本建设费用预算；有说明现金情况的，如现金预算。预算是基本的计划工作手段，也是一种控制方法，它反映了计划的要求，可以用来作为控制的切实标准。

预算计划工作就其精确性、详细程度和拟定的方法而言，有相当大的不同。某些支出或成本对整个时期来说都是固定的，而不管销售或生产的计划和实际完成情况之间的差别影响。这种反映固定成本的预算称为固定预算，如折旧、维修、资产税、保险费和其他基本管理费用预算等。有些成本随实际的销售额或产量而变，如某些地方高校管理费和教学经费等，对它们的预算为可变的或灵活的预算。还有一种新的预算方法，即把可变预算和方案预算结合起来的方法，被称为零基预算。零基预算把每一项都作为一项新的计划提出，事事都从零开始，把所要达到的目标和为实现这些目标所需要做的工作从始点做起，这种做法可以促使计划工作做得更完善，而又不依赖于过去的计划。事实上，预算工作的主要优点就是促进人们去做计划，而且做得很完善。

计划除了上述内容外，还有时间安排计划，即就一项确定完成特定活动的时间期限进行计划。无论是简单的还是复杂的，时间安排均是一种关键性的计划工具。

（三）决策

决策渗入全部管理机能和过程，它是从体现某种工作方针的各个抉择方案中进行选择，是计划工作的核心部分。只有拟定了决策，才能说有了计划，决策是管理者的中心任务，决策实质上就是解决问题。合理思考和决定问题就是解决问题。如某些事情发生了，它需要回答：某些事情应该得到更好的处理，或者应该做些新的事情等，这都需要解决问题。

进行决策，首要的是提出问题与确定诊断问题，为了更好地把握现实，一般应进行系统思维来确定问题。在假设条件与获得事实阶段，理应获得全部事实，更主要的是要获得有选择的关键事实，这样的事实事关问题的关键，也就是能够决定成败的问题。当人们充分了解事实以后，头脑中就已经形成了一种或几种解决问题的方案，事实掌握得越多，解决方案的数目也就越多，但人们必须通过研究和判断，借以发现各方案的限定因素或战略因素，以利于进一步评价方案。选出一些决策方案后，就应对其进行评价，然后再从中选出一个（有时是多个）最有利于达成目标的方案，这是决策的最后一步，也是关键的一步。评价工作既要考虑定量因素，如各种固定费用流动费用等，还要考虑定性因素，即那些无形的从而无法定量的因素，如劳资关系的特点、技术变革的风险、政治气候变化等，在比较方案中，理应对数量和质量因素同样重视。评价方案时，要进行边际分析、费用效果分析，要反复权衡；每一种方案对实现目标有多少贡献，是否符合高校既定的决策；每一种方案实施起来花费大不大，费用和收益相比的结果如何；怎样才能贯彻得更好等。选取方案时，应从三方面充分考虑：一是经验。要认真地总结过去的经验，正确地对待经验，把经验作为分析问题的基础，而不能仅凭个人经验作为未来行动的指导。二是实验，对准备选取的方案要进行实验，并仔细观察它们所发生的结果，然后加以确定。三是研究和分析。首先应了解问题本身，对影响每个方案实施的关键变量、限定因素、前提条件及相互之间的关系进行研究。其次要把每个方案分解成有待研究的组成部分和各种定量与不可定量的影响因素，最后加以详细地推敲，如使用持平法、报酬矩阵、决策树、存货决策分析、线性规划、排队理论等定量分析方法。研究和分析方法的一个主要特点是拟出一个模拟问题的模式，以便于执行中对照检查。

第二节　组织人事控制

管理学中的组织是指为了使人们有效地工作以实现目标，必须设计和保持一种合理的职务结构。“组织”一词，如以人为对象，则是把许多人集合起来，发挥团队精神，以达成共同的目标；还有人说，“它包括所有参加者的一切行为”。对于大多数从事组织工作的人来说，它是指有意识形成的职务结构或岗位结构。高校规模扩大后，工作任务增多，有必要把主要的任务划分为部门的责任，并要使这些部门工作协调一致，共同努力实现高校目标。

两个或两个以上的人为了一个既定的目的，有意识地进行协作活动，即为正式组织。正式组织的实质是有意识地形成共同目的并能相互沟通、乐于尽职。正式组织应遵循目标一致的原则与效率性原则。任何没有自觉的共同目标，却能产生共同成果的活动，即为非正式组织。部门是指一个主管人员有权指挥既定活动的特定领域或分支机构。在地方高校，部门还表明了管理上的等级层次关系，如处长领导处、科长领导科。目前各高校组织形态，由上至下，外观上形成上小下大的金字塔形状。一个高校的组织工作，有利于明确责任和权力，主要通过规定什么部门做什么工作以及谁对谁负责；能够按工作责任把人们分成群体，并进行交流与控制；能够根据各种信息反馈资料拟定决策与改善决策；能够明确区分各种活动的地位，规定其应执行的部门。组织工作的上述功能，具有潜在性，必须进行正确的设计才能发挥其作用；同时组织工作不是一劳永逸的事，它具有连续性或周期性，必须要不断地适应变化的形态。进行组织工作设计，必须要考虑战略、技术与环境等影响因素；组织结构必须要反映出目标、战略，因为任何高校的业务活动，均是从目标、战略计划推导出来的，形式必须服从职能，结构理应服从战略；组织结构必须适应高校任务与技术的需要，如对于简单生产系统，可采取扁平的组织结构，对于生产程序技术复杂的高校，可采用多层次组织结构；组织结构还应该反映出周围环境需要，如果环境稳定又可预测，可进行永久性程序设计，如果环境动乱不定，则可进行临时程序设计；此外，组织结构，还一定要考虑高校主管人员的职权范围及人员调配等问题。总之，组织是伴随计划而存在的，若无合理而健全的工作计划，则组织设计与人力调配就无存在的价值；组织设计成果就是组织机构或称组织形态，不同的设计原则会出现不同的组织结构，不同的组织机构具有不同的影响与作用；组织设计要根据实际需要，不能生搬硬套，均要达到清晰的职位层次、畅通的信息渠道、有效的协调合作的要求，否则无法发挥运用物力、人力、财力、时间、技术、信息等宝贵资源的统合力量。有些高校领导不重视组织设计工作，只听主管发号施令，无所谓组织系统，随心所欲，既浪费资源又无效力。组织设计的方法很多，现代高校管理组织一般按照目标导向设计。组织设计的基本目的是执行计划、实现目标，其设计前提应从“事”着手，“依事寻人”而绝不能“因人设事”，具体步骤有以下几方面。

（1）确定高校目标，并进行目标分解拟定政策和计划。

（2）将达成工作目标的各种“动作要素”构成有效的“操作、动作”。

（3）将各种适当的“操作活动”构成合理的“职务”，并根据可利用资源和最佳途径来划分职务或业务活动。

（4）将各种职务分解成由各人所承担的职位，并将各种职务组成“部门”

或具体“工作高校”。

（5）将部门按一定层次进行排列，构成完整的组织结构或系统。

（6）通过职权关系与信息沟通协调各部门工作。

一、组织机构设计

组织机构设计的关键是如何划分部门。划分部门有多种多样的方法，其关键要使部门划分后所构成的结构体系适应战略、技术和环境方面的特定条件。传统划分部门的方法有两种：一种是按数量划分，另一种是按时间划分。单纯按数量划分的方法是：抽调出一拨无差异性的人，确定由哪位主管统领，去完成一定的任务。这种方法的实质不在于这些人去干什么、在何处干以及在什么条件下干，而在于所需人力的数量。以人数为基础划分部门的方法，不适应劳动技巧的提高，也不适应专业化的需要，更不适应高、中层的管理，而仅仅适应组织结构的基层。按时间划分部门的方法是：根据时间来组织业务活动，如采用轮班制的方法。这种形式的主要缺点是不利于监督和提高效率，同时增加了中、晚班费用，也只适合基层管理的需要。目前流行的划分方法主要有以下三种。

（一）职能组织

职能组织即按高校的职能组织业务活动，以便每个系部都有不同的义务和责任。这里首先要确定的是一个高校的主要部门，即人数多、费用预算大、关系高校存亡的主要职能部门。如果每个主要职能部门管理幅度太大，就应进一步划分派生职能部门。职能组织的主要优点是合乎组织工作逻辑；能遵循专门化原则；能维护主要职能的权力和威信；能简化训练工作；能有效实施上层严密的控制手段。其缺点是仅仅由上层管理当局对盈利情况负责，过分强调专业化，不利于一般主管人员的培训，部门之间难以协调。

（二）区域性组织

以地理位置为基础按地区划分部门的组织结构，即为区域性组织。该种方法特别适用于规模大的学校，或者业务活动分散的地方高校。它能够像产品组织那样，确定单个业务高校的利润责任，能够激励管理人员考虑区域性高校的全面成功，能适应不同区域的特点。其主要缺点类同于产品组织的缺点。

（三）矩阵组织

20 世纪 70 年代，人们在同一个组织机构内将按职能划分部门方法和按产品划分部门的方法结合在一起，即为矩阵组织。这种组织也称“方格”组织，或“项目”管理、“产品”管理，实质上是一种折中的办法，这种办法能获得职能和产品两种结构的长处，同时又能避开二者的不足，有利于高校适应外部环境，有利于信息交流，有利于减轻经营和成本方面的压力。但矩阵组织也有其弱点，如无政府主义的趋向，过度的权力斗争和开会及群体决策太多。

除上述几种主要的划分部门的方法，还有面向市场的划分方法，按工艺和设备的划分方法及按服务部门划分的方法。任何组织机构的设计并不限于采用一种方法或类型结构，应努力使组织的不同部分适应不同的条件时，采用复合设计法，以鼓励人们以最适应工作任务的方式进行思考和行动。此外，应重视一级高校的分组以构成完整的责任中心，一级高校设立标准，关系“事业部制度”“目标管理”“集权与分权”等现代化管理方法与知识的应用；完整的责任中心体系包括服务中心、教学中心、成本管理中心与工作中心。事业部制度组织是以“服务中心”制度为组织的设计。

二、协调关系设置

分工与协调是组织控制的两大职能。分工可以使组织内部活动专业化，而协调有利于部门上下级之间的配合。通过部门划分以后亟待解决的问题是部门间必须加以协调使之成为一个工作整体。一个组织不只是由若干个有着各自目标的独立部门组成，为了取得工作成功，必须将各部门的努力结合成为一个整体。如果一个组织协调不好，就会出现控制失灵、冲突严重、职权和工作能力分离、某些工作无人过问等现象。无论什么样的组织都是协调人行为的非人性质的体系，其协调方法多种多样。

（一）纵向协调设置

有意地建立一个职权等级，规定各级管理职务责任和上下级关系，旨在开辟指导职工活动和交往的途径。设计职权体系，是设计协调组织的起点，其目的是要建立一个强有力的指挥系统，使指挥系统中的每一个人都明确自己所处的位置，知道谁向他负责，他向谁负责；命令从上向下传，报告自下向上传。设计职权等级的原则是建立报告关系、负责关系及控制跨度。任何高校应建立从高校最高管理者到最低管理层的、相联系的和不间断的报告关系。这种报告关系也称为命令链，它要求从最低管理层开始，每一级都要对一位上级负责，并据此来检查每个人的行动是否违反了上级的期望，这样就有利于各级之间的协调。建立命令链的思想，要求人员之间的交流和对下属的控制不应间断，下级不应该背离上级指导；任何一级管理人员不应绕过其直接负责的部门，向更低一级的主管人员发布命令。根据统一命令的概念，下属只对一位上级负责，而不可能满足多头上级的要求，否则会造成不应有的紧张关系。为了便于纵向协调，还应适当注意各层次管理部门的控制跨度（管理幅度）。管理幅度是指对管理人员（或部门）所管理的人数或所属机构的实数的限制。管理幅度到底多大为宜，应根据部门等级、主管人能力、授权程度、被控制者素质、工作制度、工作程序、工作计划而定，并没有统一规定。如有人认为中级和高级管理人员应管理3～9名直接向他们负责的人为宜；有人认为基层管理人员管理30名为宜，也有人认为管理8～12名为宜。影响管理幅度大小的主要因素是业务活动的多样性、不确定性、新颖性，下属工作的复杂性、随机性、责任性，下属人员的专业水平，标准化程序，非管理性工作量等。

（二）横向协调设置

任何组织除了纵向协调，还必须注意横向协调，即部门间的协调。在设计横向协调时，必须注意需要协调的地方、需要协调的程度、协调机制、适用情况等。部门间之所以要协调，取决于部门间的相互依存性及其产生的结果。如教学和后勤部门，应根据教学需要进行协调，否则会导致教学质量的下降，直接影响高校管理水平和其生存发展。需要何种程度的协调，主要依据各部门从事的共同任务具有多大的不确定性来决定。任务不确定性越大，需要协调的程度越大，其决策者需处理的信息量就越大。因此有必要设计协调机制，即设计进行部门间信息交流和拟定决策的手段，具体内容如下。

（1）建立标准程序，以解决常规性的协调问题。

（2）建立垂直的职权渠道。如果存在的问题不太多，而部门间的利益冲突又难以解决的话，应通过有权做决定的上司去解决，但这种协调方法不经济。

（3）建立临时会议制度。当有关部门发生不协调情况时，应由各方派代表参加碰头会解决。

（4）建立定期会议制度。如果部门之间经常发生不协调问题，可以定期举行会议加以解决。

（5）明确协调责任。在部门目标和职务说明中明确规定协调责任及合作义务。

（6）建立协调机构或专设协调人员。如高校协调工作很多，理应设置协调机构或协调人员，专门从事责任划分工作，负责平时的协调工作。如设调查员、联络代表、协调人、计划员等承担中间人的任务。

此外，还可以根据矩阵理论设计协调机制，用以解决既相互竞争又很重要的两项工作。有了各种协调机制和手段，还应根据不同的需要进行选择，以保证其有效使用。

（三）参谋协调设置

除了纵向协调和横向协调，很多管理者还采用“参谋”协调的方法。参谋在管理学中有着数种不同的内容，有时是指管理人员助手的职务，有时指的是一种特别职务——处于从属地位，只向一名管理者负责。无论怎么说，参谋具有服务、咨询、监督与控制职能，参谋部门负有临时性的协调之责，还能起到帮助的作用。从整个组织机构来说，某些部门对整个组织来说，主要是参谋式的关系，另外一些部门主要是直传关系。要做好各部门的协调工作，不仅要注重按分级原则进行直线或阶梯式的职权关系的设计，还要注意具有顾问性质的参谋关系的设计。

（四）职权协调设置

把职权和决策权向上移被称为集权，向下移则称为分权。更确切地讲，管理者把职权和决策权集中到高校结构的最上层，即为“集权”；如果把职权和决策权分散到全体下级人员，则为“分权”；有些管理者授予下属特别职权和职责，即放权。

如果一切问题均由最高管理层做出回答，这样有可能导致决策慢或做出不高明的决策；如果一切问题均由下层做出回答，又有可能造成失控，铸成大错。过分地集权和分权均有利弊这是显而易见的事，如何更好地进行职权控制，应采取随机制宜的原则。对一个特定的组织来说，在特定的时期内，它的某些职能最好实行集权，其他职能则实行分权，只有通过掌握特定的事实，在处理特定职能时权衡利弊后才能做出正确的决策。要把各种职能看成由不同的活动组成，而不能看成是整体，对有些活动可以采用分权，对另一些活动则需要采用集权。

放权或授权管理，是一种较好的职权管理形式，它是指管理人员分配任务和分配完成任务所需的职权和职责的过程。授权控制应力求做到完全性、明确性和充分性。完全授权是指对每项任务分配时，授予被授权者应负的责任和应有的权力，以避免无人负责的现象。明确授权是指授权者应明确告诉被授权者对何种任务负责、有哪些职权，应使下级人员清楚了解自己的任务、职责和职权，在职权范围内无须事事请示。职权是发布命令的权力，职责是对结果所负的责任，二者应该平衡。授权的充分性是指授予下级的职权应能充分保证其完成应负的责任，这样有利于促进有关任务的完成。此外，应该注意的是，进行授权管理，并不能减轻上级应负的责任，上级应对下属职务范围内的行为负责。进行授权设计，必须遵循按照预期成果授权、明确职能界限、分级、分层、统一指挥、职责的绝对性、权责对等原则。

（五）影响力设置

要把职权变成影响和改变行为的力量，职权才能产生效率或效益。一个人的行为可以受到另一人行为的影响，产生影响的能力即为力量。要使各阶层主管能够产生影响下属行为的力量，必须发掘各种力量的源泉。如采用合理的报酬、适当的处罚、合法的管理、模范的行为及专家型的指导等。只有当下级明白上级能给予他合理的报酬，他才乐于接受任务；只有当下级明白应受处罚的范畴，才能遏制下级无理的需求和使困难的任务得到接受；只有当下级明白了上级的指挥是合法的，他才能服从；只有上级以身做则做出表率，下级才能仿效；只有上级有能力满足下级需要的知识，才能使下级心悦诚服。

三、工作设置

明确了如何划分部门和如何协调部门的工作后，就应该进一步明确如何设计部门职掌和群体及个人应完成的工作。各部门的职掌是一个为达到共同目标分工办事的环节，若干环节形成的链才是大家共同维持其密切配合的工具。进行部门和个人工作设计时，要根据总体战略来设计，使各部门或个人的工作有利于总体目标的实现和战略的实施；要根据技术因素，进行专业化分工，即把大的任务分成若干小任务，以助于增进职工技巧和提高效率；要在考虑技术因素的同时，要考虑到心理因素（职工价值观、责任感、成就感等），以满足职工对工作多样性、完整性、重要性、自主性与自动反馈的要求，以利于激励职工，唤起积极性，对工作感到充实而满意。职掌与工作设计，一般先从主要教学部门开始，再设计服务部门的职掌，如对总务、人事部门工作设计；然后根据工作程序一条一条地列举出来，进行整理归纳。

例如，拟订后勤部门职掌时，就要依照其工作程序，从采购教材开始，开列请购单、询价与订货、验货入库、登卡入账、安全保管、凭单发货，到检验、包装入库等。根据列出的职掌，依计划、执行、考核行政“三联制”进行核查，看有无漏列和应予补齐、调整的问题。纵向方面使职掌与程序衔接起来，横向方面将人、事、物连接起来，形成完整的部门工作体系或个人工作系统。例如，某教育厅主管其财务处主要职掌为：研制与修订会计制度，并督促所属高校加强会计制度建设工作；编制本系统预算，并审核与汇总所属高校预算资料；汇总与编制月报、季报与年终决算；编制财务分析与成本分析报告；检查所属高校会计资料及有关会计事务的处理；检查各高校预算执行与控制状况；指导与培训系统内会计人员，并负责会计人员的考核与职称评定工作；指导系统内的统计核算与业务核算工作，定期组织财务检查工作。

四、人事控制设置

人事控制的根本目的，就是要采取某种确保高校目前和未来都能正常经营的办法，为组织结构中各个职位配备合适的人员。人事控制不仅是人事部门的职责，而主要是高校主管人员的职责。主管人员所从事的计划、组织、领导和控制等工作的职能，事事都与人员相关，人事控制是主管人员的一项决定性的职能，并且是一项决定高校成败的职能，任何领导都要正视“人力资源开发”的挑战，如不能有效地进行人员挑选、使用、考核与培训工作，整个高校就会变成一台腐朽的机器。

（一）选择设置

选择人员设计主要是对人员配备与人员选拔方法方面的设计。

人员配备工作应该与高校组织结构及计划目标工作协调一致。人员配备是一个复杂的过程，它可以作为管理人力资源的一种系统方法。高校任何计划都要人去贯彻执行，进行人员配备必须以计划为基础；组织计划是确定人员需求量的关键，同时还应考虑任命率、年龄、健康状况等其他因素；根据高校内部和外部人才资源状况，对主管人员需要量进行分析；招聘、选拔、安置人员，同时要做好考核工作。在人员配备过程中，应充分考虑到外部环境与内部环境的影响。尽管人员配备工作主要由人事部门和各管理层的主管人员来负责，但拟订人员配备计划、决定招聘范围、制订选拔程序、确定考核方法以及规划培养开发等人事政策，还是应由人事部门在高校最高管理者直接领导下贯彻、落实。

高校各类人员质量，特别是各级主管人员的质量，是任何一个组织取得成功的决定性因素之一。选择人员，特别是选择主管人员必然是整个管理过程中最关键的步骤之一。选择人员必须要遵循一定的步骤和使用系统的方法。要从以下方面有效地选择人员。

首先，要对各职位的要求进行客观的分析，即应明确各职位的工作内容、工作方式和需要的知识、态度和技能，要确定职务的适当范围，既不能过宽，也不能过窄。职位应包含饱和的工作量，工作应对任职者具有挑战性，使他们感到自己得到了充分任用；职务应当反映所要求的工作技能，如要求专业技术人员应具备技术性技能、人事管理的技能、概括分析的技能、谋划设计的技能以及分析与解决问题的能力等。

其次，要对各职位的重要程度进行评价。这种评价不同于对工作成绩的评价，一般使用三种方法：一是采用“排队”比较法，来确定各职位工资标准和地位，一般是以薪金水平来表示职位差别的幅度；二是根据职务要素进行评分来评定职位等级，即先选定几个职务要素，给它们规定权数和分值，然后以数字表示每个要素，要素主要包括所要求的教育程度、经验、智力、体力、职责和工作条件，主管职务应评定的要素是所要求的技术知识、所要解决的问题和所负职责的范围大小等；三是采用判断时距法来评定职务价值，即通过对某个职务所承担的各项任务时的分析，来衡量判断时距的长度。例如，某一职位中所发生的差错很快就能暴露出来，而另一职位中的差错要很长时间才能表现出来，对后者工作的判断时距就比前者长，其职位价值也应比前者高。

再次，要明确各职位所需人员应具备的素质，除了应具备的技能，个人的素质也很重要，如主管人员必须具备管理欲望、沟通感情的能力、正直、诚实及工作经验等。

最后，进行正确选择，在明确各职位所需人员的规格要求以后应招聘、选拔人员，一般采取目标选拔法，即将职位工作目标与被选人的工作经历与技能、素质进行对照，按相符程度进行挑选，具体选拔时应使用口头审查、审阅资料，对智力、才能、业务、个性、熟练程度等进行测试、集体评审。

在选择人员时，应特别注意对各种不同类型的应征者进行区别判断，面谈是一种最好的方法，因为高校要选择的是一个实实在在的人，而不是一张内容丰富的履历表。对于市场探索型的人，要仔细询问辞去原工作的原因，防止受骗；对于自命不凡的人，不应录用，因为他无法学好相处之道；对于流动型的人，也不可用，因为他们只会批评，不会工作，这山望着那山高，很难稳定下来；对于权力型的人，可以录用，但要制约其权力欲；对于“老兵型”的人，可以录用，但要激发其挑战性，否则他毫无冲劲；对于“牛皮型”的人，不可录用，因为他只会社交，不会干活，渴望当名人或与名人为伍；对于谄媚型的人，与权力型的人相反，即靠拍马屁达到他的目的，毫无才干，品质差，意志薄弱，对这类人要远远避开；对于那些具有灵敏性和自我达成驱策力的人，一定要录用。

（二）用人设置

管理之道在于“借力”，即任何主管人员的基本使命，应借助部属的力量，完成高校的整体目标。高层主管应借助中层主管的脑力，中层主管应借助基层主管的脑力与体力，基层主管应借助职工的体力，现场职工应借助本身的体力及可用的机械力，以完成各管理层的目标。借力的方法，一是计划，二是控制。计划泛指所有决定未来要求部属完成的目标及执行方法的思考过程，计划在于创新。控制泛指确保达成计划目标的措施，一为组织结构，二为人员督导。组织结构应表达清楚各人的职位层次，明白指出各人上下沟通的管道，确定员工间协调及合作的中心，否则就会失控；督导是指日常纠正、指导下属行为以期达到目标的活动，如果每一位下属都能自觉地依照上级指示行事，则无须督导。

管理是人力发展而非事务指导。只会做事不会管人的人，不适宜于当领导。各级领导均应掌握各种人事处理工作，如员工关系、客户关系、社区关系、政府关系、金融关系等，处理好内部员工关系是用好人的关键。用人之道，一是要因材施用，使每个人适得其所；二是要培养人才，不断增进其才干。如设置一套有效的方法，用以测定各人的工作成果；创造良好的条件和环境，增进员工的绩效与成就；设法征召和储备最优秀的人才；教育具有潜力的人员，来胜任今后更复杂的工作；建立一套有效的考核办法，扎实而公正地考核与评定每个人的绩效；依据成就标准，予以奖励，以提高士气。各层次的管理人员十分关心领导对他们的期望，希望上级能了解自己的工作状况，必要时需要指导，并希望领导主持公正，依据他们的成就给予精神与物质的鼓励或给予升迁机会。同时他们也受到知识问题、技术问题、信息问题、态度问题、沟通问题、人格问题等方面因素的干扰。主管人员应十分关心各层次人员的心态并采取措施为其排忧解难，既要与部属沟通信息，又要持虚心、诚实、谨慎的态度去提高管理技术，解决难题，如要评鉴已经获得的成果、分析当前的需要、设定高校的长短期目标、确定权责的归属、量度业务进展、评核绩效、确定成就给予报偿、更好地设计未来等。

（三）培训与开发设置

通过教学训练以培养管理人员如何管理，即为高校培训工作；组织开发是一种系统地、综合地、有计划地提高高校效能的方法，其目的在于解决对各级管理层次的经营的不利影响的问题。按照经营—管理理论的方法进行培训与开发，首要的是进行目标管理、工作充实化教育和敏感性训练；最高管理者要积极支持培训工作，培训对象要包括所有管理人员与职工，学习要建立在自愿的基础上，培训要求因岗位或个人条件而异，培训方法取决于培训要求，理论必须与实践相结合。

对任何个人的培养与训练，首先要明确他现在的成效与行为和要求达到的成效与行为之间的差距；其次要明确他现有的才能与担任下一个职务所要求的才能之间的差距；最后还应预测未来，根据变化了的技术和方法所要求达到的新才能。只有明确了上述三方面的问题，才能进一步明确培训目标和培训方法。

培训的主要方法有在职培训与离职培训两类。在职培训，是受训者一边学习，一边工作，其具体方法有：有计划地提级、职务轮换、设立“副”职、临时提升、个别辅导、建立临时受训机构等。离职培训，有在高校内部和在高校外部的训练，如进行敏感性训练、有机行为修正法、交往分析法、短期培训、专业证书班培训、特别培训、自修培训、视听培训及模拟培训等。

组织开发的核心是要使高校各级管理者一起努力，以解决部门或高校所面临的具体管理问题。以解决协调欠佳、过于分散和信息沟通不灵等问题，具体方法有实验训练、主管工作方法训练及调查反馈等。任何组织开发，其关键是人力资源开发，而人力资源得到充分发挥的关键是要创造一个使全体职工安心敬业的组织气候，如组织机构清楚，权责明确；适当的授权，充分发挥个人积极性；赏罚分明，鼓励多于指责；相互关心，团结和睦；容忍异己，鼓励批评、建议；互相认同，把高校利害、荣辱与个人利益结合起来等。

每个高校都应该重视人事教育工作，充分发挥人事管理的职能。如健全人事组织，根据高校规模大小，设立合适的组织机构，明确其权限职责，科学办理人事行政和人事服务工作。根据高校需要制订科学的人事制度，其内容包括任用条件及手续、工资标准、工作时间、请假规定、员工福利、管理规则、考勤与考核方式以及奖惩、调动、离职、退休等一切人事规章；加强劳动工资管理，及时处理劳动力不足或过剩问题，以及定级、转正、调资等问题，对外、对内进行协调与联络等行政工作；加强教育培训工作，有计划地组织职前训练、在职训练、正式教育与补习教育等；加强人事任用工作，如按政策与规定办理招工、奖惩、升迁、调动、缺勤、考核、退休等人事手续，对于一些敏感问题，要增加透明度，并要接受群众监督；此外，还要加强医疗保健、职工福利、协调服务等工作。人事管理工作，涉及整个高校的工作效率问题，对人管理成功，就可以提高工作效率、方法效率、设备使用效率与资金使用效率，相反则可导致高校失败。因此必须注重挑选人事管理人员，严格要求人事管理人员，使所有人事管理人员能把握国家劳动人事政策，熟悉劳动人事制度，明晰事理、善于分析判断，具有丰富的办事经验，温和谦让、办事认真，并具有较强的说服能力等。

第三节　行政领导控制

行政领导控制，对于我国的企事业、高校来说，既指个人领导控制，又包括群体领导控制。领导功能的发挥，既与领导个人的品质、风格、才能相关，又与领导体制、分工、协调相关。对于领导的定义，人们有很多种说法，但多数人认为它是一种影响别人的力量，即影响别人使之心甘情愿地为实现高校目标而努力的艺术或过程。技术、才智、工艺、安排等因素，只是影响生产力的部分因素，而领导是对生产率影响的关键因素。具有杰出思想的、能激励别人去思考、去行动的领导人是力量的主体；领导人个性的影响，产生了一种行动的感染力，较无个性特征的管理系统，作用要大得多。有人认为领导的本质就是被追随，人们倾向于追随那些被认为能为他们提供实现愿望、要求和需要的手段的人，因为有人愿意追随，也就有人会成为领导。有不少人难有持续的工作热情和信心，或是缺乏动力或缺少机会，或是受工作环境和领导平庸的影响，或是本来就缺少持久的天赋。领导的职能就是要诱导或说服所有的下属或其追随者保持高昂的士气、持久的工作信心和工作热情，心甘情愿、竭尽全力地为实现目标而做出贡献。也有人把这种功能称为统御功能，即结集人们的能力与意愿的功能。领导者通过计划、组织、控制、执行职权、予以报酬引诱或社会压力，可以引发出职工 60%的能力；而其余的 40%能力，则有待于领导才能的诱发。这种统御的才能，不是凭借职权、机构赋予的权力或外在形势，只能是说服并指导他人的才能。唯有通过这种才能有效地把个人目标和目标协调起来，才能发挥领导的作用。行政领导控制的范围很广，本节主要阐述个体与集体领导控制设计、授权控制设计、激励机制设计和信息沟通机制设计。

一、领导控制设置

有效的领导必须了解职工的需要，哪些是有效的激励因素，以及如何发挥其作用。如果把这些认识贯彻于管理活动之中，领导的职能作用就能得到更好的发挥。任何领导行为都要合情合理，以适应员工心理及情绪上的需要，奖励应多于惩罚，引导应多于禁止，更不能强调“乱世用重典”；任何领导行为事前均应做周密的计划，一切问题都在所想之中，使员工找不到推诿的借口，工作优劣即可评定，工作动态在掌握之中；任何领导行为都要体现出领导者公正无私、平等待人，更不能以有权、有技术自恃。任何领导者的成效主要取决于个人品质、领导方法及对环境适应三方面的因素。

对于领导者和非领导者在个人品质上的区别，有很多不同的观点，但一般均认为领导者具有完成任务、取得成就的强烈愿望和责任心；有追求目标的干劲和韧性；有解决问题的智力、才能、创造性和冒险精神；有开拓精神和自信心；有决断和敢于负责的精神；善于处理和调解人与人之间的紧张关系；能忍受挫折和失败；有影响他人行为的能力和社交能力；能尊重、关心和信任他人等。领导者的个人品质，有的能适应所有的环境，有的则只能适应有限的环境。根据我国地方高校领导者所处地位及应发挥的作用，他们应该具有十方面的素质：坚定的政治方向，应有的社会责任，讲究社会效益；创新意识，以适应商品激烈竞争的需要；清醒的战略头脑，有超前意识，既要有战略目标又要有战略步骤，把当前与长远利益，现实与长久利益结合起来；果断决策，敢冒风险；有很强的竞争意识：有文明精神，创新、求实、奋进，将地方高校精神转化为物质财富，充分调动职工积极拼搏与奋进的积极性；出色的组织才能，善于指挥，敢于授权，培养与造就优秀人才；广泛的知识和爱好，要形成知识优化组合的领导群体，要进行智力开发和感情投资；有无私奉献的精神，“先天下之忧而忧，后天下之乐而乐”；密切联系群众。

以运用职权为基础的领导方式，一般有三种：一是专制独裁式的领导，要求别人言听计从，自己教条专断，全靠奖惩办法领导他人：二是让职工参与管理的领导，让下属参与行动和决定的制订，并鼓励他们参与管理；三是极少使用自己权力的领导，在经营活动中给予下属高度的独立性，让下属设定自己的目标和实现自己的目标，认为自己的工作只是给下属提供信息、做好群体与外部环境的联系工作，以此为下属工作创造良好条件。上述三种领导方式，每一种都可以细分为多种形式。从领导风格上讲，无非是“以人为中心”型的领导方式和“以任务为中心”型的领导方式两种。领导者主要关心良好的人际关系和个人的声望，把主要精力放在下属身上，注重研究他们的感情和他们之间关系的好坏，即是“以人为中心”的领导方式。这种领导风格的实质就是尊重下属人员，是民主的、宽容的、关心下属人员的、平易近人的、体贴人的。这种领导方式确实能增加员工的满意程度，也有利于加强群体团结，但对生产率的影响并不总是成正比的。领导者主要关心任务，把主要精力集中在所要完成的任务上，关心工作进程和完成工作的手段，即是“以任务为中心”的领导方式。这种领导风格的实质就是对生产任务的关心压倒一切，而对下属漠不关心，是独断专行的、爱限制人的、关注任务的，很少社交的、命令型的、任务为职能结构的。这种领导方式通常和生产率构成正比的关系，倾向于降低职工满意和团结程度。根据现代管理和适应环境的需要，应采取两种风格结合式的领导方式——权变式的领导术。

权变式领导，一是要求领导者要明白自己最感兴趣的领导方式，对特定事务应有主观意见，能感受到自己的领导成效，二是要求下属明白所接受的领导方式，对特定事务的个人看法，对主管的领导方式。

领导者的管理方法一般有四种：压榨和权威式的方法、开明和权威式的方法、协商式的方法、集体性参与方法。采用集体性参与方法时，领导对下属抱有充分的信心和信赖，经常征求和采用下属的看法和意见，现代管理的实践表明集体性参与管理是较有效率和成果的管理方法。

凡是对人和任务都表现热切关心的领导者，都要比只对人或只对任务表现一般关心的领导者能取得更高的生产率和使集体更加团结。在熟练的管理实践中，领导实际上就是对计划、组织和控制的补充——当这些程序不能给下属提供足够的指导或帮助时，则通过领导予以补足。领导能帮助消除工作中的障碍，领导者或主管人能设计一种环境，使群体成员潜在的或明显的激励动机能做出有效的反应，这就是方法—目标理论，是目前最有效的一种领导方式。这种方法的本质是，最有效的领导者应能帮助其下属同时实现地方高校目标和个人目标。其方法就是要明确规定职位和工人职责，消除取得成就的障碍，在制定目标时谋求群体成员的协助，加强群体的团结和协作精神，增加个人在工作过程中得到满足的机会，减少不必要的心理压力和外部控制，明确奖励标准，以及做其他一些符合人们期望的事情等。方法—目标理论对上层职位和专业性工作特别有用，但对日常生产工作的实用价值不明显。

要想成为成功的领导，领导者必须有修养，在某种意义上说，领导者待人处世的修养比知识本身更重要，它能极大地改善领导者和被领导者之间的人际关系。领导者必须通晓形成有效领导的各种因素、随机应变的各种方式、有关激励和领导理论的基本内容，必须善于将知识应用于实践；领导者应将自己置于他人的地位，设身处地地体会他人的感情、好恶和价值观念等；领导人应力求做到处事客观，不带任何感情地观察和追溯事件发生的起因，以超脱的态度进行评价，先分析后行动，克服仓促判断，尽量克制情感，以防处事不公。领导者有自知之明，即要意识到自己为什么会有某些行为，为什么有些行为不引起别人的反应，有些行为则会引起别人的反应，甚至引起敌意。有效领导虽说取决于领导者的个人品质、风格、方法等，但注意领导者群体组合、优化领导班子更是实施领导控制的重要方面，它不仅是实行参与管理、民主管理的需要，也是我国完善各种经济责任制的需要。根据《中共中央关于经济体制改革的决定》，我国地方高校领导班子由原来的“一正多副”向“一长三师”转化，即在地方高校领导班子中配备总工程师、总经济师、总会计师，这样有利于改善地方高校领导班子结构，提高群体素质、优化整体功能；有利于理顺地方高校行政领导班子的工作关系，实现领导分工的科学化。

现代管理学认为，如果整体内部每一个个体的选择是好的，群体组合的形式也是好的，那么整体的效能则大于个体效能之和。作为整体领导职能来说，每个领导者是优秀的，其群体组合又是合理的，则领导集团的能力应大于每个成员能力之和，因为在个体能力之和之外还应加上“集体力”。任何高校的领导班子，注意个体的选择是为了发挥每个个体的特长，注意群体的组合是为了发挥集体的力量。为适应现代化、社会化大生产的需要，地方高校领导班子群体必须围绕共同的经营目标结成彼此协调、长短助力、团结努力的集体。实现地方高校领导班子群体的最佳组合，必须遵循目标原则、效率原则、能级原则、取长原则与协调原则等；还必须做到老中青结合，技术与管理结合，知识的广度与深度相结合，将才与帅才相结合等。

二、授权控制设置

任何高校不能由校长一人独揽，必须进行工作责任委派，这就产生了授权。授权就是由上级主管或权力者授予下属一定的责任与事权，使之在其监督下得以自主地处理与行动。授权者对被授权者保持有指挥与监督的权力；被授权者对授权者负有报告与完成的责任。授权与代理不同：代理是依法代替某一人执行其任务；而授权是仍负责行使其法定的权力。授权与助理不同：助理是由他人帮助负责以成事，助人者无任何责任，而受助者仍负其责；授权则是被授权者负有一定的责任。授权与分工不同：分工是各负其责，彼此无隶属关系；授权则是上下之间仍具有监督与报告的关系。从本质上看，授权只是把决策权分给部属，但不是分散决策责任，相反，是权力下移而责任向上集中。授权不授责，授权留责，更不能只授责不授权，否则会导致主管推脱责任或揽功自居。授权控制的主要功能：减少主管工作负担，把他们从繁杂的事务中解脱出来，以利于思考和解决重大问题；改进人事行政，增强下属责任心，提高情绪与工作效率；发挥下属的专长，补救主管的缺点；在管理实践中培养干部，增进下属的学识、经验与技能，以利于人才储备。

以正式或非正式的方式授给下属用钱的权力；以明文或非明文的方式授给下属增人与选用的权力；以工作说明书的方式，授予下属进行例行工作的权力，而不必事事请示或等批准。授权的时间应根据具体情况而定。如果一个高校在遇到高级人员空缺，在职人员力不从心，有人兼任多个要职，机关工作决定权限于极少数人手中，工作人员缺乏主动积极性时等，均要进行必要的授权。如果高校主管人员感觉到计划及研究时间紧迫，办公时间经常处理例外公事，工作时经常被下属请示打搅，也就需要进行必要的授权。

授权应以被授权者的能力强弱及知识水平高低为依据，因事选人，视能授权；授权前必须做充分的研究与准备，力求将责任与事权授予最合适的人员。要根据明确的隶属关系进行授权，不得越级授权；要明确授予权责，具体规定其目标、范围；要进行适当控制，以免造成授权过度与不足，并规定考核与检查成效办法，建立适当的报告制度；要量力授权，应根据下属能力的高低来决定授权，不可机械与硬性授权；校长要保留权责，过度授权等于放弃权力，某些权责校长理应保留；要相互信赖，授权者与被授权者应相互信赖，主管不得干涉下属的单独决定，下属应竭力办好权责范围内的事，不要事事请示，也不得越权行事；要适时授权，授权理应遵循一定的原则，但并非一成不变，授权必须视地方高校业务所处的实际情况来决定。授权不仅是科学也是艺术，因此也要注意授权技巧，如集中精神处理管理责任、依工作性质分派各人员执行、使下属有自由裁量权而仍能控制自如、使用正式任务命令书方式等。

三、激励机制设置

高校管理人员的首要任务是创造和保持一种有利环境，促使人们发挥作用，帮助高校或部门完成其组织任务与目标。任何组织都要有一定的激励机制，去激励人们工作。人的一切行为的基本要素是活动，其中包括体力活动和智力活动，而且人的一切活动都是有目的、有动机的活动。动机是一种能够提供精神力、活力或动力，并能够指导或引导行为达到目的的内心状态。激励是可运用于动力、期望、需要、祝愿以及其他类似力量的整个类别。上级激励下级，是指他们在促进、期望和诱导其下级按照所希望的行为行动。

激励因素就是那些能诱使一个人做出成绩来的事物，主要包括物质与精神激励两方面，如高薪、头衔等。激励因素就是能影响个人行为的某种东西，它对一个人愿意做什么的取舍有重大影响。人们的需要分为两类，一是维持因素，不起激励作用，但非有不可，如高校政策、行政管理、监督、工作条件、人际关系、薪金、地位、职业安定、个人生活等；二是职务内容因素，它是真正的激励因素，如成就、赞许、晋升、工作富有挑战性和在工作中成长等。有关激励的理论有奖惩理论、期望理论、需要即激励理论等。奖惩理论主要是指运用奖、惩两种办法来诱导人们按所要求的那样行动，虽然是一种传统的手法，但至今仍旧有效。期望理论的内容：人们受到激励去做某些事情，以实现某些目标——只要这些行动是在他们期望有助于达到目标的范围之内。需要即激励理论认为，人有三类具有激励作用的基本需要，如权力需要、归属需要和成就需要，根据这些需要，激励主管人员的重要因素有工作的挑战性、地位、取得领导身份的强烈愿望、竞争的鞭策、恐惧与物质等。根据现代管理的需要，激励的方法与手段主要有合理的报酬、正强化、职工参与管理、工作内容的丰富化等。报酬无论在什么时候都是一种有效的激励手段，根据人们的工作成就给予合理的报酬，有利于调动人的积极性。

正强化方法或“行为改进”的方法，认为借助于适当设计人们的工作环境并对其所完成的工作成就加以表扬，就能激励他们，而对不良的工作表现加以惩罚则会产生相反的结果。这个方法强调排除不利于取得工作成绩的障碍，细致认真地从事计划工作和组织工作，运用反馈来进行控制，以及扩大信息沟通的范围。因为很少有人不会被参与商讨与自己有关的行动所激励，因此职工参与管理是一种成功的激励方法。在工作现场中的大多数人是既知道问题的所在，又知道解决问题的方法，这无疑会产生激励作用，而且又能为地方高校的成功提供有价值的知识。参与管理与许多基本的激励因素相适应，它是一种对人们给予重视和赏识的手段，它能给人满足归属的需要和受人赏识的需要，尤其能给人一种成就感。鼓励职工参与管理，并不意味着主管人员放弃自己的职责，他们鼓励职工参与管理并仔细倾听下属的意见，但需要他们进行决策的时候，还必须自己决策，下级不会干预上级的职权，也不会对优柔寡断的上级产生敬意。

使工作内容丰富化，同样是一种有效的激励手段，它强调工作具有挑战性和富有意义，消除重复操作的乏味感。其主要做法是把更高的挑战性、重要性和成就感体现在职务之中，如给予教师在决定工作方法、工作程序和工作速度方面更多的自由；鼓励下级参与管理和教职工之间的交往；使教职工对自己的工作有个人责任感；使下级能看到自己的贡献，反馈给他们工作的完成情况；让教职工参加分析和改变工作的物质环境等。究竟采取何种激励手段应采取随机制宜的方法，应考虑多种变量或因素来建立随机制宜的激励系统。

国内外的很多管理专家认为，人们的工作除了获得报酬的需要外，还需要从工作中获得成就感和安全感。上级采用的激励手法主要有：以劝说、奖励为主，不要发号施令；不要事事都做指示，让下级自己做决定；适当授权；为下级设立明确的奋斗目标，而不要事事指教；关心下级，倾听下级意见；信守诺言，并采取行动；分配给下级的工作要有连贯，不要经常中途变卦；注意事前检视，防患于未然；设立简单的规范让下级遵守；下级即便有错也要心平气和地批评；要计划未来，以激励下级努力；要有信任感，避免轻率下判断；适当地奖励下级；让下级和睦相处，但不能拉帮结伙。值得提出的是，领导者在进行奖励与惩罚时一定要公正，绝不能搞平均奖、轮流奖、倒挂奖、人情奖、固定奖、花样奖、红包奖等，以防止出现懒惰心理、退缩心理、多占心理、赌气心埋、对立心理、懈怠心理、投机心理、离心心理等消极因素。

四、信息沟通机制设置

信息沟通是组织中构成人员之间的观念和消息的传达与了解的过程。它是为完成机关使命及达成任务的一种必要手段，可以促进共同了解，增强集体力量。信息沟通的目的是加强人员之间的团结，发挥整体的合作力量；改进业务处理的方法，提高组织的工作效率；了解彼此之间的需要；减少不必要的浪费，避免发生意外事件；有效达成组织的使命。信息沟通对发挥地方高校内部各职能部门的作用至关紧要，作用：拟定并传达地方高校的目标；制订实现目标的计划；以最有效能和效率的方式组织人力和其他资源；选拔、培养和审评人员；领导、指导和激励职工，并创造一种使他们愿意做出贡献的环境；控制工作进程。信息沟通除了语言、文字、地位及物理上的障碍和困难，还有缺少沟通计划，未加澄清的假设，语意曲解，信息表达不佳，信息传递的损失和遗忘，听而不闻和判断草率，猜疑、威胁和恐惧，缺乏适时性等问题。

信息沟通的主要种类有正式沟通和非正式沟通两大类。正式沟通是配合正式组织而产生的，依据信息流通的方向分为上行、下行和平行三方面沟通形式。上行沟通，主要指由下而上的信息沟通，下级人员以报告或建议等方式，对上级反映其意见。这种沟通方式有利于参与管理，教职工乐意接受上级的命令，可以满足教职工的自重感，办事会更有责任心，同时也有利于上级做出正确决定；从下级反映的情况中可以了解下级的工作是否按上级意愿执行；有利于鼓励下级发表有价值的意见；能接受下级直接批评，并满足下级的基本需要；符合民主精神。下行沟通，即由上而下的沟通方式，由管理阶层传到执行阶层的信息沟通。这种沟通方式有利于帮助组织达成执行目标；使各阶层员工对其工作能够满意与改进；增强员工的合作意识；使员工了解、赞同并支持组织所处的地位；有助于组织的决策和控制；可以减少曲解或误传的消息；减少员工所有工作本身的疑虑及恐惧等。平行沟通，是指平行阶层之间的沟通，也即是指信息在组织级别相同或相似的人员之间的横向流动，如高层管理人员之间、中层管理人员之间、基层管理人员之间的沟通等。平行沟通有利于弥补上、下行沟通的不足；给员工了解其他高校情况的机会；培养员工间的友谊等。非正式沟通指非组织的沟通，它一方面满足了员工的需求，另一方面也补充了正式沟通系统的不足。非正式信息沟通，是由人员间的社会交往行为而产生的；非正式沟通主要来自工作专长及爱好闲谈的习惯，无规则可循；非正式沟通产生于无意之间，没有地点、时间、内容的限定。它之所以起到正式沟通所起不到的作用，是因为它传递快，有很高的选择与针对性，能迅速反馈，能及时做出评价等。非正式的个人的信息沟通有单线式传递、流言式传递、偶然式传递、集中式传递等方式。按信息沟通的方式划分，还有书面形式的沟通、口头形式的沟通和电子形式的沟通等。组织机构作为信息沟通的手段，社会系统作为信息沟通的网络。

信息沟通主要包括以下五个要素：第一，发送者，即负责做有意识、有目的的信息发送者，如发言人、建议及发令人等；第二，沟通的程序，即意见传递应有一定的媒介与路线；第三，沟通的程式，如命令、规则、通知、报告、公函、手册、备忘录等；第四，沟通的接受者，指接受消息、命令、报告及任何沟通程式的人；第五，所期待的反应与结果。在实行下行沟通时，上级必须了解下级人员的工作情形、欲望及个人问题；领导者必须有主动的沟通态度；组织中必须有完整的沟通计划；领导者必须获得员工的信任等。在实行上行沟通时，上级必须以平等地位对待下级；经常与员工举行工作座谈会；建立建议制度、公平而合理的制度等。在实行平行沟通时，其关键在于：管理是否能适当地授权；沟通方法是电话、会报、会签、业务了解与共同信念等。从理论上讲，沟通是协调的一种方法与手段，其目的是使各高校间职员能以分工合作的、协同一致整齐的步伐达成共同的使命。沟通在谋求思想认识上的一致，而协调在谋求行动上的一致。要做好信息沟通和协调工作，各高校应采取有效的措施：建立会签制度；制定工作流程图网，促进自动联系；设置参谋人员，专负协调联系；运用会议方式，促进意见交流；简化公文报表；利用报刊报道高校情况；利用计算机处理及时获得正确信息；设置意见箱；个别访问谈话，了解教职工的需求；利用训练方法提高联系水平等。

地方高校是一个由人、财、物等多因素组成的经济综合体，由多个子系统组成。无论是各个子系统的内部管理，还是它们之间的联系，都需要通过信息进行沟通，以达到物质和能量的合理流通。例如，行政组织系统需要进行组织与组织、人与人之间的信息沟通；思想工作系统，更离不开思想信息的收集、处理与反馈，以激励教职工的奋发精神。

第四节　资产管理与处置控制

一、采购控制

高校物料采购工作主要包括：决定应购入的物料项目及数量；决定最适宜的采购时间与采购数量；决定最适合的采购方式；签订购买合约，办理订购手续；催促供货商交货；到货验收并填制验收单；处理退换货及折扣事项；采购凭证送会计部门列账；依购买合同规定，如期结算货款；保存每一采购事项的完整记录。采购内部控制的基本原则是将采购工作与验收记录及付款结算分开，主要从以下几方面进行。

（一）请购审批

物料采购的第一步工作，是由用料部门或后勤部门提出物料请购单。请购单应根据采购预算填制，请购单的填制应包括购料名称、编号、规格、品种、需用数量、需用日期、请购单编号及请购主管核章等事项；请购单应填制数份，一份由请购部门存查，一份送资产管理部门办理，有的高校也规定须先通知财务或内部审计部门。采购部门进行采购后，将一联请购单连同订购单或购买合同副本退回请购部门，表示所需材料已经订购。

（二）选择订购

物料采购的第二步工作是由采购部门根据审批后的请购单选择供货商和填制订购单。采购部门在整理请购单后，应根据物料的来源及市场竞争情形，拟订采购方式（主要是招标方式）及日程呈报核准后，选择供货商。在选择供货商时，应充分考虑价格高低、质量好坏、交货日期、交货条件、运输费用、供货社会信誉等，力争购到物美价廉的物料。供货商确定后，应初步确定购买的物品、数量及价格，并征询会计部门支付条件后，方能正式办理订购单。订购单应填明供货商的具体名称及地址，订购材料的名称、规格、品种、数量、单价、总价与折扣，交货日期、地点，付款及其他条件，订购日期，订购单编号，填制核准人等；订购单还应根据实际情况增列各种附加条款，如运输方式、意外灾害处理、包装及保险费用负担，以及在何种情形下退货、换货等。订购单是买卖双方事前承诺履行的交易契约，只要双方同意而又不违背政府法令规定的事项，原则上均可列入。订购单通过核准后，供货商留一份副本存查；正本两份给高校资产管理部门，表示所需物料已经订购；同时，交收料部门副本一份，作为以后核对收料之用；交会计部门副本一份，作为核对发票之用；交其他部门副本一份或数份，如交给检验部门、法律部门、内部审计部门等。很多地方高校的订货单需办妥下列手续后，方可编写：确定所需采购的项目；索取公开标价单；取得财务部门允诺付款等。

订购单寄出后，经一段合理的时间后尚未得到答复，资产管理部门应立即追查，询问对方是否接受订货；如已到交货日期，尚未交货，应催促交货；资产管理部门应有专人负责追查工作，可以采用信件、电报、电话或口头等多种追查方式，追查过程应进行详细记录，以备日后查阅。

（三）验收入库

所购物料到货后，无一例外地要进行数量及质量的验收。按照内部控制的要求，其验收工作应由独立于采购、存储和运送部门以外的验收部门进行，其职责是查明所收物料的数量；查明物料品种、规格、质量是否符合要求；填写验收报告；立即将所收物料送交存储部门。目前，我国大多数高校均由资产管理部门自行验收和填制入库单，这样不符合控制要求——最少要有材料部门或其他人员参与验收工作。验收如未收到订购单，概不收料。验收单应编制三份，一份送采购部门，一份附在订购单上以示结案，一份附在发票上送交会计部门作为结算依据。货物未经验收不得核准发票，发票应选送至采购部门，由其加盖订单号码，收到日期及验收戳记；采购部门将核准的发票与收料单核对后，一并交会计部门；会计部门核对发票与订购单后，核算收货的总金额，制作发票，转由出纳备款；出纳付款后在发票上加盖“付讫”及日期戳记，与订购单副本一并归档。所有发票及凭证应由被授权者批准。

值得注意的是，进货发票在核准付款前，应具备书面证据以资证实：①发票上所列货物根据正式订货单办理，两者所示的单价、数量与其他条件均相符；②发票上所列货物须经验收部门收讫，并编制验收单；③发票上的乘积、直加、折扣及其他计算均经验算后无误；④传票上已列明会计科目。验收中，如发现商品短缺、退回或折让等，应开具借项通知单。

（四）退货处理

如发现购进的物料规格、质量不符合或其他不符合订购条件时，应及时与供货商沟通退回、更换或折让等事宜。一般可采取以下几种处理方式。

（1）将材料退回供货商，取消订购合同，所有运费应由对方承担；有时可要求赔偿损失。

（2）不合格材料退回更换，运费应由供货商负担。

（3）如不合格材料不退回供货商，应由双方商洽折减一部分价款。

（4）不合格材料如由买方代为加工，加工费应由供货商负责，在货款中扣除。

发生退货及折让时，应由双方协商解决，同意后应由采购部门编制退回及折让通知单，分送有关部门，作为处理依据，送交会计部门的通知单，可作为冲减应付账款凭证。

采购作业一般流程如下。

（1）由资产管理部门或用料部门填制请购单。

（2）由资产管理部门填制订购单或其他契约。

（3）由检验部门验收并编制验收报告。

（4）储存部门对照验收报告收料入库，如有差异应报告会计部门。

（5）会计部门比较购货订单、验收报告及供货商发票，如果发票经核准付款则编制凭证。

（6）凭证移送出纳处付款。

（五）采购报表控制

为了更好地反映、分析和控制采购业务，一般要编制如下管理报表。

（1）市场分析报表：反映现在及预测未来材料或商品供需状况。

（2）购进材料明细报表：分别列明向各供货商所购材料的种类、数量及金额，并注明违约次数等。

（3）采购作业分析表：用以分析采购作业的好坏、衡量采购工作的绩效，主要列明采购部门订购材料数量、实际验收数、退回及折让的百分率，如期交货百分率、自接到请购单至办妥订购手续平均耗用时间、自请购至材料到用料部门平均时间等。

（4）采购费用分析表：详细反映每种材料运费、装卸费及采购成本等，以便与上期实际成本及计划成本比较。

（5）价格变动分析表：分析市场价格变动情况，以适应市场变动需要。

二、应付账款控制

有效的应付账款内部控制，在付款前必须经过采购、验收、会计等部门的核准。所有采购交易均须有顺序编号的订购单为证，订购单副本送交应付账款部门，以便与供货商发票及验收单相核对。

验收部门与采购部门应各自独立；验收部门收到货品应编制验收单，验收单应顺序编号并复写数份，以便收到货品后及时通知会计部门、采购部门及发料部门等。

会计部门收到各种文件凭证，应加盖收件日期章，该部门所开的凭单及其他文件，均可利用顺序编号方法控制。复核发票的每一步骤，均应在凭单上注明日期并签章，以示负责；确认自己完成的工作，确保例行程序一贯实施的有效方法，核对订购单上所列单价、折扣及运送条件与卖方发票，或核对发票上的数量与订购单、验收单，均可防止不当的付款。

将核对发票的职能与支付账款的职能分开，是防止舞弊的另一种方法。发票核准付款前，应有书面证据，证明交易事项均经复核完毕。应付账款明细账按月与总分类账户测评，并与来自供货商的对账单核对，任何差异均应详细查明。

采购控制问题，还有采购费用预算控制、常用材料采购控制、零星小量材料采购控制、有互惠关系采购控制、分批交货采购控制及退回包装物处理等具体问题。

三、采购控制的主要措施

采购控制的主要措施有如下几点。

（1）采购部门应与资产、会计、验收和运输部门分离。

（2）大额的采购应通过招标的方式选择供应商。

（3）所有的采购均要经采购部门填写请购单。请购单须经审批才能生效。

（4）由采购部门负责货物的采购。

（5）采购部门应指派专人审批、核准购货价格。

（6）采购一般要有经审批的购货订单（某些情况下，是购货合同）。

（7）购货订单应预先连续编号并妥善保管，保证只有经授权的人员才能接触。

（8）由独立于采购、会计、仓储等部门的验收部门负责采购货物的验收。

（9）验收部门要及时对所收货物的数量和质量进行检查，并出具验收报告。

（10）验收报告应预先连续编号并妥善保管，未经授权的人员不得接触。

（11）验收报告一式多联，分送会计、仓储和采购等部门。

（12）发生部分到货的情况时，应正确地记录，并做好在途货物的监督和控制。

（13）对验收不合格的货物，验收部门应送交运输部门，并做好记录。运输部门负责处理需退出的货物并做好记录。退货单、货运单等应一式多联，其中一联应送交会计部门入账。

（14）收到供应商的发票，应及时做好记录，并与购货订单、验收报告核对。

（15）会计部门负责核对供应商发票和相应的购货订单、验收报告，核实数量、价格及其他有关的条款。

（16）会计部门将应付账款、应付票据明细账（或应付凭单登记簿）定期与总分类账进行核对。

（17）会计部门将购货发票与应付账款、应付票据明细账或应付凭单进行核对。

（18）购货单已到货物未到时，应对该类发票进行适时检查，以监督在途货物的送达。

（19）货物已到购货单未到时，应对相应的验收报告进行适时的检查。

（20）会计部门负责发票金额的审核和入账。

（21）为雇员需要进行的采购应经专人审批，并记录于单独的总分类账户。

（22）采购业务的账务处理由会计负责，而不能由出纳负责。即使由出纳编制现金支付的原始凭证，会计部门也应编制付款凭证并予以归档。

四、物资存量控制

管理者一般十分注重现金和有价证券的管理与控制，而忽视财物存货的管理。有人认为内部控制的主要目的是防止和揭发欺诈舞弊，而财产物资不易被窃，因此没有必要实行严格的控制。这就完全忽视了内部控制事实上具有比防止舞弊更为重要的功能。事实上，物资存量控制为一般地方高校中最复杂而又最需要的一种控制，存量的计划及其实施，涉及高校各个部门的业务，如采购、财务及会计等；存货种类多、范围广，渗透地方高校整个资产管理过程，如需对购进的教学设备及物料等进行控制，直接影响到教学管理与服务的好坏、教辅成本的高低以及资金的周转等。为了适应瞬息万变的经济环境，如何适时采购，如何获得低廉价格，如何适应生产需要，如何计算经济采购量以降低储存成本，如何避免积压以加速资金周转，如何做到安全保管，这些都是十分重要的管理与控制工作。良好的内部控制是提供正确的存货数据、销售成本数据及报告准确数量的工具。若无健全的存货控制，会导致存货成本、产成品成本及销售成本失真，从而导致财务报表中所反映的财务状况及经营成果虚假，影响高校各管理机构不能发挥应有的作用。加强物资存量控制，有利于解决供需矛盾，以尽可能少的存量满足生产和经营的需要，减少物资积压，节约流动资金，并能稳定教学与管理秩序。物资存量控制具体来说有以下几方面的作用。

（1）保持最小存量。以最小存量保证生产或销售需要，有利于节省库存投资额，减少资金积压，节约库存费用。

（2）安全与科学保管。物资存放处应能防盗、防火、防水、防潮、防虫咬、防霉烂及锈蚀等；存货应分类、整齐排列。

（3）适时适量供应。存货应能保证生产或销售所需，做到适时、适量、适地供应，以免因拖延、缺货等影响生产或销售。

（4）维持有效操作。存货收发及装卸所用的各种器械，应经常检修，维持良好的运转和操作，以利于提高收发、装卸、排列、堆放等工作效率。

（5）预防发生呆废料。要防止呆废料，一是要妥善保管，二是要严格控制采购、调度和利用。对已发生的废料要迅速处理，如加工、利用、交换、出售等，以免长久呆滞，造成损失。

（6）维持完备的存货记录。要建立控制存货数量的记录；及时提供存货状况给教务、科研和后勤等部门，以助于合理调度与有效使用；提供有关计算最经济采购量或生产量资料，制定最高或最低标准存量；提供各种存货周转率、长时间待存货项目，存货废失率等统计分析资料；提供运输及保管费用分析资料。

物资存量控制，最根本的任务是要设计能够决定各阶段的需要量、发放量及其预测方法、各阶段的标准库存量和安全库存、需要和供给、发放和补充的方式，以及能够明确地检查预测量和实际之差异的库存管理系统。必须使购进、保管、发放作业合理化，使库存物资调动记录合理化，并且需要完备的有关库存的资料。

要做好库存控制，必须考虑下列影响因素。

（1）销售因素。即要考虑订货量的大小及其波动与订货的频率；考虑销售预测的可能性与预测值和实际之差（预测误差波动的精确度）；考虑适应需求服务的条件，如要求立即交货或容许拖延时间很短，即要加大库存，反之可减少库存；考虑销售途径，即考虑是直接销售还是间接销售，前者要求存量大，后者要求存量小。

（2）生产因素。应考虑生产类型与生产方式，即要考虑是大量生产还是单件或批量生产；考虑生产过程中各道工序中的库存；考虑产品特殊化的程度，即各种产品在各工序阶段的在产品都要以符合通用化、组合化的形式保持适当的存量；考虑生产的灵活性，库存应适合于灵活、机动生产的需要；考虑生产能力与仓储能力；考虑优质保管等。

（3）时间因素。即应考虑从订货准备、购进、审核、检查、验收等筹备时间的需要。

（4）运输因素。即应研究运输场所、距离、方法和当时库存量的全部成本最大限度地降低等问题。

（5）费用因素。即应全面、综合地研究和调整库存费用，以争取最小的库存耗费。

五、采购控制计划

物资存量控制的宗旨，既在于防止损失和滥用，作为采购与销售计划的依据，又在于保证生产与销售的需要，防止存量过剩与不足。存量控制是存货管理的中心问题，必须建立一定的政策、计划及标准，以便于管理控制者遵照执行。存量政策是指存量控制的基本思想与指导原则，目的是确定存量业务处理的基本界限。如要求接受订货后的最迟交货时间，物资是集中库存还是分散库存，各种物资最高或最低库存限量，如何配合市场价格变动而增、减存量，如何规定使用率或随预测调整储存量，如何规定存量费用，如何规定盘存与核对等。在时间方面，库存控制政策尽量以不延误需用的时间为原则。

制订存量计划，首先要了解和预测采购及其成本、仓储及其保管成本、期间或年度的需求量、各物资项目最高或最低存量等，并据此推算最经济的存量。其次，存量计划应视各项物料个别情形、库存类型及管理特性制订。物料库存量可分为常备型、常备分期交付型、备用品型及根据要求购入型等四种。常备型，以常备品为库存对象，需求稳定，经常发放，必须有充足的库存量；常备分期交付型，以长期合同的原材料为库存对象，必不可缺，并经常少量发放，必须有一定的存量；备用品型，以配换零部件为库存对象，何时需要不定，但应有少量存货，发出后应立即补充；根据要求购入型，一般不需库存，必要时只购入需要量。要制订切实可行的存量计划，必须研究库存品究竟属于哪类，哪一类该存，哪一类不该存，该存的应存多少等。制订存货计划，还必须掌握管理性，即输入特性（供给、购入、交纳等特性）、服务特性（保管、存货场所等特性）和输出特性（需求、发放等特性）。

制订存货计划，应计算库存品的标准库存月数。标准库存月数的计算，一是要根据资金情况，站在地方高校整体的立场上进行计算；二是要根据库存品的市场特性、生产特性、购入特性、保管特性、发放特性，以最经济的经营为目标进行计算。标准库存月数以下列项目的合计来计算：①弥补预测误差的库存——预测期间的预测误差的标准偏差乘以安全系数；②生产日程计划的库存依计划变动的时间而定，一般为半个月左右；③生产周期的库存——一般来说，一个月周期的库存为6天，两个月周期的库存为半个月，三个月周期的库存为一个月；④运输期间的库存；⑤各储存地点的流动库存。此外，计划应根据存货政策拟订，并配合市价行情及销售、生产需要，采购、财务等有关部门也应根据计划而配合作业，以保证计划的执行。

存量控制涉及高校很多部门，也涉及很多经营过程，有关部门应办理哪些方面的工作应有明确的分工，特别是采购、验收、付款、记录必须分别由不同的部门或不同的职工处理。无论什么样的高校，其物资存量控制账务工作，应由会计部门负责，但仓储部门应有明细的数量记录，并要定期或不定期盘点，使账面存量与实际存量相符。定期盘点一般在年度终了或营业周期结束时进行，应由各有关部门共同派人办理；不定期盘点除特殊情况外，一般由存货经营人自行负责，一般在库存量最少时进行，或分类轮流进行。物料通过验收后，进库前还应先行点数，检视后签收，即仓储部门应对验收部门的工作复核后，才能正式履行自己的保管职责。物资存量控制主要包括编号控制、记录控制、发货控制、货物成本控制和盘存控制。

（一）编号控制

对货物的分类编号是控制的第一步。如果每一种存货，都有一个确定的编号，存货分类就可以实现系统化、永久性与确定性，就有利于进行材料收发、管理、书写、记录、编表等工作。

编号的方法很多，如有流水编号法、分段编号法、类级编号法、小数编号法、数字示意编号法等，唯有类级编号法最适合对材料编号。该种编号利用不同的数字及不同的位次，代表不同类、级，如第一位数字代表大类（一级）、第二位代表中类（二级）、第三位代表小类（三级）等。假如采用十位数字编号：第一位数字为材料管理类别代号，如，01 表示集中管理材料，“1”表示非集中管理材料等；第二位数字为材料性质分类代号，如“1”表示电器材料，“2”表示机械器材等；第三位数字为材料性质分类明细项目代号；第四位至第八位数字为各类材料编号；第九位数字为核对码，供电子计算机自动验证材料编号是否正确；第十位数字为材料使用价值代号，如“0”表示新料，“1”表示旧料，“2”表示废料。

存货编号应以便于确定存货种类与规格、节省工作时间、利于机器处理为原则。一种存货只能有一种编号，一种编号只能代表一种存货，防止重复混乱；编号中每一位数字都有不同意义，使人一见编号，即可知道是什么存货；编号位数越少越好，可以节省书写工作；每个高校均应编制一份存货分类编号表，便于查对。

（二）记录控制

货物记录是存货控制的重心，有了正确记录，才能提供有利于控制的情报资料。货物记录的主要内容：过去每月、每年需用量，实际库存量，已经订购数，何日可以到达及数量，自请购至到货的所需时间及此期间内耗用数量，最高标准存量及最低标准存量，经济采购量及批次，货物成本及总金额等。上述记录，有些是现成的，有些需要查询；有些可根据过去统计资料获得，有些却要根据各种因素事先设定。无论什么样的数据，都要完备准确，才能进行有效控制。

（三）发货控制

高校货物领用时，应由教务等部门签发领料单，用料部门持单到仓库领货，通过被授权人审签后，仓库人员填制出库单并照单发料，及时送会计部门登账或作为成本计算或费用分摊的依据。

对发出的各种物料应建立必要的控制，控制其数量和状况变动。对物品的控制应包括定期盘存检验程序，防止废品、次品的增加。在发货业务中，所有物品都要经过审批后才能办理装运手续。例如，由销售部门签发销售发票或销货通知单，仓库据此发货并签发出库单；运输部门应填制多联运单，分送仓库、会计等部门。领料单必须根据用料单填制，一式三份，一份领料部门留存，另一份作为仓库的收据，第三份由会计部门作为分摊成本依据。用料单位如有剩余物料，应填退库单，将余料退回仓库。退料手续及记录方法与收料时相同。

（四）货物成本控制

为了正确计算货物采购、使用和销售的价值，应实行必要的成本控制，它是内部控制的一个重要部分。货物成本从理论上讲包括购进价格及运达买方仓库的一切费用，如运费、装卸费等，但由于有些零星费用归属问题不好确定，只能记入间接费用。货物使用或销售其价格计算，一般按沿用的方法计算，如简单平均法、加权平均法、先进先出法或计划价格法等，但不得随意变动，应保持前后一贯。

（五）盘存控制

加强货物或销货成本内部控制的另一项重要措施是采用永续盘存制。货物的账面记录与实际库存数量往往不符，其主要原因有收料时点收差错，验收单数量与实际入库未核对而发生不符，发料数量错误，物料账中的收入、发出、结存数量记错，被盗或因受损失未经处理认定，库存中消耗等。通过盘点和核对存货记录，可以使账实相符，最后确定库存数量与价值，为正确进行存货采购、使用和销货的成本分配提供必要数据。永续盘存制还有利于控制货物的增减变动，增进货物记录的正确性和可靠性，及时揭露或防止对各种存货项目的盗窃、浪费或损毁等行为。追查实物与记录是否相符的方法是实地盘点货物，盘点方法有全部盘点、轮流盘点及经常查点等方式。全部盘点一般在年终时进行，多为定期盘点；轮流盘点既可以是定期盘点，也可以是不定期盘点；经常查点则为不定期随时的盘点。任何高校理应将盘点办法列入管理制度，明确规定盘点目的、盘点工作组织及职责、盘点时间表、盘点方法、盘盈盘亏处理以及盘点所用标签、表单、报告等格式。

（六）存量控制报表

为了更好地反映和分析存货管理工作，存货控制还应编制下述报表。

（1）收、发、存状况表。借以反映各种货物的收入、发出及结存数量，供决定再行采购和互相调拨之用。该表每月、每半年或每年定期编制。

（2）废坏料损失报表。借以反映废坏料名称、数量、金额及损耗率，供考核存货管理完善状况。借以调查其适宜性与使用有效性。该表每周、每旬或每月编制一次，编报时间越短，其控制作用越大。此外还应编报废坏料处理报表。

（3）盘盈盘亏报表。借以反映盘盈或盘亏物料的名称、数量、金额及原因等，供考核存货管理水平及记录可靠性之用。该表一般在每次盘点后编报。

（4）用料变更损失表。借以反映无效能的用料损失，供考核用料部门用料计划性与有效性使用。

（5）周转率分析表。通过周转率分析，借以反映各种材料使用情形，以促进管理控制，对周转率很低的物料，应提醒注意及处理。

（七）存量控制基本方法

货物控制除按上述内容控制外，为了实现安全而又经济的控制目的，还必须实行记录与保管分开控制的方法，预防盗窃、损失、呆滞料控制方法，适当保险控制方法，更重要的是各种存量控制方法。

1．维持适当最低存量

物料存量太多，会造成资金积压，增加财务负担；而存量太少，又容易造成停工待料，影响生产与销售。要达到维持最小存量又要保证生产需要的目标，必须规定每种存货最高、最低标准库存量，并要经常维持最低存量。在规定存量标准时，必须明了每种存货的实际耗用情况，如每年耗用量、每月平均耗用量及逐月实际耗用量；必须了解采购作业状况，如向何处采购、供货有无季节性变化、采购所费时间等；考虑政治、经济等其他影响因素。由于每个高校存货品种繁多，要制订出每种物料最高、最低标准存量，不仅工作量大，事实上也无必要，因此应对大宗物料、重要物料或价高的物料规定最高、最低标准存量。

2．计算经济采购

经济采购量是指以物料总成本最低时的数量作为订购的数量。物料成本一般包括采购费用及保管费用两大类。采购费用包括处理费、检查费、市场调查费、广告费或办理采购的一切费用等，采购费用一般与采购数量成反比；保管费用是指仓租、保养维护、保管人工资、水电等费用，保管费一般与保管数量成正比。

高校每年所需用物料的采购量虽然要受到季节、价格变动等因素影响，但在正常情况下，可根据采购成本、存货保管成本等资料予以计算。

3．ABC 分类法

任何一组研究对象，其所构成的项目价值是不均等的，往往只有少数项目占有较高价值或占有重要地位。存量控制上即为 ABC 分类法。一般存货可分为以下三类：A，高价值项目，虽然项目甚少，但其价值可能占存货总额的80%左右；B，中价值项目，存货项目较多，但其价值可能占存货总额的 10%～15%；C，低价值项目，存货项目可能占存货总项目的大部分，但其价值仅占存货总额的 5%～10%。

根据上述分类，对各类存货控制应采取不同措施：A 类存货应优先控制，并实行最严密的控制，不仅要有完整正确的记录，而且要经常检查，尽量减少其存量；B 类存货，只有在特定情况下才进行优先控制，平时只需要视同存货控制，即要设立良好记录，并做定期性检查；C 类存货，在可能范围内做到最简单的控制，实行定期盘点，适当提高存量，以防止短缺。

六、采购与资产控制重点

（一）请购招标控制重点

（1）请购单必须详细注明参考厂商、规格形式及需用日期等内容，如申请物品需采用特别运送及保存方式者，应添加注意事项。

（2）请购单必须先经仓管人员进行库存审核，核准时应遵照核准权限办理。

（3）紧急采购不应经常发生，事后应补开请购单，追究原因是否为不可抗力，有无改善计划。

（4）应定期检讨请购单有无延迟采购情形，请购数量应符合经济采购量要求。

（二）采购招标控制重点

（1）采购人员应注意收集询价资料，须翔实完备，保持最新时效，也应随时更新供应商资料，保持正确记录。

（2）请购单必须经主管核准后，方可办理采购。

（3）办理比价、议价、招标等作业应符合内部规定，外购进度也依预定采购程序控制追踪。

（4）大量采购的物资，以合同采购为原则，并应保持两家同时供货，以免受到供货品质的限制，影响教学管理。

（5）重要采购合同签订前，须由法律专家核查。

（6）为提高物资品质，降低进货成本，便于管理，应建立可完全配合的协力厂商。

（7）遇到市场各项物资的供应将大幅变化时，须通知有关部门，以便事先联系，报告呈报后，立即采取应变措施。

（三）验收资产控制重点

（1）验收物料应依照检验规范的规定办理。

（2）发票的物料名称、规格、数量、金额与送货单或验收单必须相符。

（3）物料验收，必须会同验收部门与采购部门办理。

（4）如已分批收料，仓储人员应在“订购单”上注明分批收料日期、数量，以影响采购人员。

（5）不合格的物料应通知采购部门退回或扣款。

（四）不符资产控制重点

（1）各项违约案件应依“供应商管理办法”及合同规定适当处理。

（2）物料因检验不合格退回更换的，交货日期应以调换补送物料到达日期为准。

（3）所交物料的品质、规格与合同不符合但可使用的，如因急需免予验收使用，应经有关主管事前认可，按规定扣款或减价处理。

（4）如因检验不合格退货更换或因故申请延期交货，必须事前报请高校有关领导同意，并确定逾期罚款或其他处理办法。

（5）如因非人力所能抗拒的灾害而申请逾期免罚的，必须事后立即出具认可证件。

（6）因事实无法依采购合同所订裁决的，其违约案件处理方式必经有权人员批准。

（五）仓储资产控制重点

（1）仓储管理必须配合各期的销售及生产计划，使材料与物料的储存经常保持至最低必要限度（安全存量），同时能随时供应生产。

（2）各种原物料、半成品、制成品均应编号，分类编号的原则为：简单、弹性、完整、单一。

（3）确定到货日期与验毕日期。若是大量采购，原物料应分批陆续交货，以免过分集中，同时控制原物料的交货期限，以免临时紧急处理。

（4）检核原物料的名称、规格、数量及品质，应与原订单相符；如果原物料数量较多，采用抽检方式作为合格或拒收的标准，允收标准须合理。

（5）物品入库时，均应办妥入库手续，出库时亦同。

（6）物品的储存应依类别分设料架，并分格编号，以利存取。

（7）库房安全设施必须完善，同时应办理保险。

（8）易燃、有毒性的危险材料，应与其他材料隔离储存。

（9）领料时必须有领料单，同时经有权主管盖章后，仓库方能发料，并在领料单上加盖“发讫”戳记，同时过入账册。

（10）领料单应连续编号，空白及作废单据亦应保存。领料单上如有更改，应经主管签章。

（11）领料量异常时，应追查原因。退料入库时，应办理退料手续，点收后应分别存储并登记入账。

（六）投保资产控制重点

（1）投保额与投保项目力求适当。

（2）保单到期应办妥续保手续。

（3）各种保险权利义务力求明确。

（4）投保费用有无异常。

（5）各项应保险的物品均应投保。

（七）差异分析控制重点

（1）差异如系人为因素造成，应追查相关人员并惩戒或奖赏。

（2）材料品质不良造成高校损失的，在许可范围内必须索赔。

第五节　绩效评估控制

目前，我国地方高校人事管理制度改革正在稳步进行，高校教师的管理将根据按需设岗、公开相聘、平等竞争、择优聘任、合同管理、按劳取酬、优劳优酬等基本原则，实行职务聘任制。传统的高校教师考核方式，由于其考核目的、考核指标体系、考核方法等都存在问题，难以对高校教师绩效做出全面、客观、公正的评价，因此，需要用现代人力资源管理的理论和技术，改革传统的考核方式，以现代意义上的、能适应现代高校教师管理要求的绩效评估制度，以促进高校制度改革的顺利进行。

一、建立激励机制

从人力资源管理角度来看，绩效是指主体的工作行为和工作产出。绩效是指工作人员完成既定工作任务、达到工作目标的程度。随着人力资源管理理论和实际研究的不断发展，绩效管理与评估理论逐渐成为高校人力资源管理活动的重要一环。然而，高校人力资源管理与企业有着不同的特点，如何将企业人力资源管理方法有机地运用到高校，一直是人力资源管理理论界积极探讨的一个热点问题。从目前而言，我国高校教师绩效评价管理体系尚未完全建立，全面系统的教师绩效评价管理工作还没有完全展开，这就导致了高校管理部门不能够系统地衡量高校教师的工作绩效，进而影响了教师工作的积极性，最终限制了高校的可持续发展能力与核心竞争力的形成。因此，改善现有的不科学的高校教师评价体系，建立更加能够激励高校教师的科学合理的教师绩效管理评价体系势在必行。

（一）进行高校教师地方绩效评价应遵循的程序

（1）绩效评价指标体系与评价方法的确定。在借鉴企业人力资源绩效评价方法的基础上，通过大量的文献研究，结合专家咨询，建立适合高校教师的绩效评价指标体系与评价方法。

（2）绩效评价活动的实施。通过标准化的高校教师评价量表，由高校人事部门对高校教师进行统一评价。

（3）绩效评价结果的分析与反馈。在对高校教师绩效进行评价后，要及时对评价结果进行分析与反馈。通过对绩效评价结果的分析，由高校人事部门结合各学科实际进行评价的反馈工作，有针对性地制定教师奖惩升迁策略。

（二）制定高校教师绩效评价应遵循的原则

为保证高校教师绩效评价的客观性与准确性，在制定高校教师绩效评价体系时，应遵循以下的设计原则。

（1）相关性原则。相关性原则是指绩效评价指标的构建要与高校教师工作绩效相关，高校绩效评价的目的就是引导、帮助高校教师达到其工作目标乃至自身价值的实现。因此，在构建评估指标体系时，应从高校教师自身发展及自我价值实现出发，充分考虑评价指标与教师自身发展的相关性来构建绩效评估指标体系，从而使绩效评价工作的实施能有效地提高高校教师的工作积极性。

（2）定量指标与定性指标相结合原则。定性的（主观性的）指标和定量的（客观的数字、业绩等）指标，都是评价教师工作绩效的重要依据。在绩效评价中，仅仅以定性指标或定量指标来评估是不完整的，有很多绩效指标只能是定性的，无法直接以数量的形式表述，或者说只能通过其他方式如专家评估打分的形式间接转化为数量型参数。定量指标能客观、清晰地表述绩效；而定性指标则是对绩效表述的一种补充，是从另一个侧面来评价绩效。在绩效评价过程中，将定量指标和定性指标相结合，共同服务于绩效评价。

（3）实用性原则。评价指标的设计应该具有实用性。评价指标体系要繁简适中，计算方法要简单易行，同时评价指标所需的数据应易于收集。各种评价所需的数据应可能从现有的统计资料信息和审计工作开展过程中获取，或者能够通过专家检查获得，设计各项评价指标的内涵和外延要限定，以便高校人事部门能够进行实际的评价工作。

（4）可比性与全面性原则。要确保指标体系中的每个评价指标都能被用来对高校教师的绩效进行测量和评价，包括能对高校教师之间的工作绩效进行纵向与横向的比较。与此同时，又要确保评价指标体系能全面、综合地反映各种因素对高校教师工作绩效的影响。

（三）高校教师绩效评价的特点和作用

高校教师作为一个特殊的组织群体，在价值观、工作任务、行为方式、工作产出的表现形式等各方面都有着自身特点，这也决定了这一特殊群体的绩效表现存在其特殊性。因此，改革高校教师的绩效评估制度，首先就要考察其绩效的特殊性，以便进行有针对性的绩效评估体系的设计。

（1）绩效目标的双重性。从价值取向上来看，高校教师的个人追求具有双重性。对于大部分高校教师来说，选择教师这个职业，主要在于喜欢这个职业，在这个职业上能够实现自己的人生价值。实现人生价值这种精神上的追求才是其真正的目的。但是，作为社会的一分子，他们也有对金钱、地位的追求。这种价值取向上的双重性决定了其绩效目标上的双重性。一方面，他们需要按照学校的规定，完成各项工作任务，以获得金钱、职务的晋升等利益；另一方面，他们更希望通过工作任务的完成，不断提升自己的能力，完善自己的修养，实现自己的人生价值。

（2）绩效投入与产出的多样性。高校担负着人才培养、科学研究和社会服务的职能。相应地，高校教师的工作任务也是多样的，包括教学、科研、提供社会服务等。价值偏好的差别，决定了高校教师在工作任务重心选择上的差别，从而导致其工作行为的多样性。例如，有些高校教师喜欢教学，因为他们认为高校最重要最基础的任务应该是为社会培养合格的人才，因而教育好学生才是真正的价值所在；而有些高校教师则更喜欢做学术研究，因为他们能学习和发现各自领域最前沿的知识和技术，推动这一领域研究的发展；还有些教师认为科学研究、管理知识必须及时转化为生产力，为社会提供服务，他们更喜欢联合企事业单位，直接服务社会。高校教师这种工作任务的多样性、工作行为的多样性，决定了其绩效产出也具有多样性，不仅包括教学效果、科研成果、社会服务效果等多种产出形式，而且各产出形式所占的比重也是多种多样的。

（3）绩效产出的难以衡量性。高校教师的绩效产出，应该表现为教学的效果、培养学生综合素质的成果、科研成果的质量与数量、社会服务的效果等。同时，高校教师的绩效还应该表现为个人的政治思想、工作态度、专业素质等。因此可以看出，无论是哪一项绩效产出，都难以简单地通过量化的指标来衡量。例如，如果对教师教学的效果进行量化，可以用学生的考试成绩如优秀率、合格率等来考查，但是，教师在教学过程中，对学生潜移默化的指导等提高学生综合素质的教育教学效果，就很难通过量化的指标来衡量。再如，对于高校教师的科研成果，可以用完成科研项目的数量、出版著作或教材的数量、发表论文的数量等指标来衡量。

但是，科研成果更重要的是质量而不是数量，而对于科研成果质量的评价，需要专家以其丰富的知识和在本行业的权威，来对其做出评价。因此，建立高校教师现代化绩效评估制度十分重要。

1）正确认识绩效评估的目的和主体。现代人力资源管理理论认为，绩效评估不仅可以为员工薪酬的分配、职务的升降等提供依据；其真正目的，是通过评估，让员工了解其自身的优势与不足，使他们在以后的工作中发挥优势，弥补不足，不断提高个人绩效，从而推动组织绩效的提高；同时，绩效评估还可以为其他人力资源环节如人力资源规划、招聘及甄选以及员工的培训和开发等提供信息。被评估的主体是高校教师，高校教师属于知识型员工，其最主要的特点是具有较强的创新性、个性和自主性，在对待激励的态度上，重视物质激励的同时，高度重视精神激励和成就激励。可以肯定地说，高校教师对精神的需求在一定程度上超过对物质的需求。高校应该充分认识高校教师绩效评估的目的和被评估主体的特点，并贯穿于绩效评估体系中。根据主体的实际情况，进行制度设计，通过广泛的宣传、讲解，使学校各部门及广大教职工正确认识绩效评估的目的和意义，从而支持和配合绩效评估工作。

2）科学制定绩效评估指标体系。绩效评估指标体系是绩效评估中最为核心的部分。由于高校教师的绩效产出具有多样性和难以衡量的特点，因此，绩效评估体系也应具备多样性、完整性，在设计中不但要尽量涵盖高校教师绩效产出的内容，又要通过定性和定量相结合的方法，利用两者的优点，尽量地设计出合适的指标，以实现对高校教师绩效的科学衡量。绩效评估指标体系的制定应建立在工作分析的基础之上，通过对高校教师工作的科学、具体分析，了解具体职位的具体职责，从而归纳和提炼出绩效评估应该涵盖的内容以及各项内容的关键业绩指标。笔者认为，高校教师绩效评估指标体系不仅应确定绩效评估的内容，还需要明确各部分内容在整个体系中所占的比重。长期以来，我国高校教师绩效考核中，对科研成果过于偏重导致了很多问题。笔者认为，关于教学效果和科研成果在评估体系中的比重，应该视高校的具体情况而定。如果是研究型高校，科研的比重可以稍微高一些；但如果是教学型或教学研究型的高校，学校是以培养应用型人才为主的，则显然应该更加重视教学效果。需要指出的是，在考核指标体系制定的过程中，最好将被评估者——教师纳入到制定者中来。现代人力资源管理的实践证明，被评估者参与标准的制定，不仅能够提高标准的准确性，而且还能使被评估者更加了解和理解这一制度，从而在制度实施中更加配合。

3）选择合适的评估方法。评估方法的正确与否，直接关系到整个评价体系的科学性和评估结果的全面、客观、准确。在评估维度上，目前大多数研究者认为360度绩效评估法是一种比较合适的方法。360度绩效评估法又被称为全方位绩效评估法，指评估者选择被评估者的上级、同事、下级、被评估者自己、客户和专家等作为评估人，从各自的角度对被评估者进行评估，从而获得对被评估者全方位、多维度的评价。这种绩效评估方法的评估主体是多方面的，如高校教师的绩效评估有主管领导、同事、学生、本人、专家以及其他社会相关机构等作为评估人。主管领导对于本部门所有教师的情况掌握得比较全面，从而便于在同类教师中进行比较，得出一个宏观的、整体性的评估结论；同事与被评估教师平时交流多，联系密切，相互了解比较多，因此可以做出比较细致的评估；学生相当于教师教学工作的“客户”，在教学活动中与教师直接接触，对于教师的思想素质、工作态度和教学水平等有着直观的感受，其提供的信息能够比较客观地反映教师的教育教学情况；被评估者本人对自己的政治思想、工作态度、专业素质和工作成绩等进行实事求是的评价，能够使被评估者对自己有一个更加清楚的认识，更加明确自己的优势和劣势，有利于被评估者今后进一步发挥优势，弥补劣势；专家由于在学术上的成就和权威，以及在本行业丰富的实践经验，可以对被评估者专业素质和学术水平做出比较客观、准确的评估；对于被评估者社会服务的工作成绩，需要社会相关机构做出相关评价。这种绩效评估方法从具体方式上来说也是多样化的，针对不同的指标内容和评估主体采取不同方式，如网评填写绩效评估表、座谈讨论、演讲陈述、投票、调查了解、与被评估者个别交流等。比如调查了解、与被评估者个别交流就有利于领导评估，网评投票就有利于学生评教，座谈讨论就有利于同事和专家评价，演讲陈述就有利于被评估者自己评估，同一个指标内容或评估主体也可以采用适合的、不同的方式进行评估。

4）建立有效的评估结果反馈机制。有效的评估结果反馈机制是绩效评估体系的重要组成部分，它关系到评估的目的是否能够真正实现的问题。在评估结果出来以后，相关主管领导或人力资源部门的相关工作人员，应该及时就评估结果与被评估者进行沟通，使被评估者及时了解自己的优缺点，同时，应帮助被评估者想办法发挥优势，弥补劣势，使其在评估中不断提高和完善自己，在不断提高个人工作绩效的同时，推动组织绩效的提高，实现个人和组织的双赢。高校应该将绩效评估结果与人力资源管理的其他环节联系起来，要把绩效评估看作“一种师资管理过程”，既是师资规划、作用、培养、晋升等的补充，又是对这些管理过程的检查，以实现对评估结果更好地利用。例如，应该将评估结果作为教师收入分配的依据，根据评估结果的不同档次，收入分配应该拉出差距，从而建立个人绩效的激励机制；应该将绩效评估结果与职业生涯管理、进修培训等环节相联系，以帮助教师进一步提高自己的能力，完善自己的修养，实现其人生价值。

（四）绩效评估量化

绩效是一个多维度的概念，高校通常生产多重产出并使用不同的单位进行测量，因而高校绩效评估体系通常涉及大量多维的评估指标。因此，绩效评估指标体系及相应的评估方法是全面、客观评估高校绩效的关键所在，它直接关系到评估的科学性、客观性、公正性以及绩效评估实施的效果。指标体系（Indicator System，IS）的建立是进行预测或评价研究的前提和基础。它是将抽象的研究对象按照其本质属性和特征的某一方面的标识分解成行为化、可操作化的结构并对指标体系中每一构成元素（即指标）赋予相应权重的过程。为了使指标体系能够全面反映研究对象的特性、尽可能地做到科学和客观，有必要引入一些量化方法或数学模型，以此来帮助评估指标体系的构建并对公共组织的绩效进行评估。近年来，许多专家和学者在这方面进行了探索，应用数据包络分析法、层次分析法、模糊综合评价法这三种方法进行了高校绩效评估的实践。这三种评估方法主要存在两方面的局限：其一，指标权重的设置往往带有一定的主观随意性，特别是在专家组成员的选择、专家数的多少以及专家打分等方面仍然存在主观干扰因素；其二，多指标、大样本无疑可以为综合评价提供丰富的信息，但在一定程度上也增加了评价工作的复杂性。每一个指标都从不同的角度和层面反映评价目标的某一信息，而各个指标之间往往存在一定的关系，所反映的信息将产生重叠，导致统计分析失真。而因子分析法则能有效地克服这些局限，对高校绩效情况进行科学的评价。因子分析法是近些年来颇为流行的多元变量统计方法。它是用较少个数的公共因子的线性函数和特定因子之和来表达原来观测的每个变量，从研究相关矩阵内部的依赖关系出发把一些错综复杂的变量归纳为少数几个综合因子的一种多变量统计分析方法。人们在对现象进行观测时，往往会得到大量指标（变量）的观测数据。这些数据在带来信息的同时，也给数据的分析带来了一定困难。另外，这众多的变量之间可能存在着相关性，使实测到的数据所包含的信息有一部分可能是重复的。因子分析法就是在尽可能不损失信息或者少损失信息的情况下将多个变量减少为少数几个因子，这几个因子可以高度地概括大量数据中的信息。这样，既减少了变量个数，又能再现变量之间的内在逻辑关系。分析时根据相关性的大小将原始变量分组，使得同组内变量间的相关性较高而不同组之间的变量相关性较低。每组变量代表一个基本结构（因子），它们可以反映问题的一个方面或者说一个维度。把几个主因子的方差贡献率作为权重来构造综合评价函数，能够简化众多原始变量、有效处理指标间的重复信息，评价结果就具有很强的客观合理性。

二、地方高校教师绩效评价模型的建立

在对高校教师绩效进行评价时，简单定性分析方法当然不能准确衡量各个教师的综合绩效水平，而用简单的量化方法又不能反映教师绩效的各个因素对于高校教师总体绩效水平的综合影响。因此，笔者将在上文提出的高校教师绩效评价指标体系的基础上，采用层次分析法来对反映各级指标间相互影响因素的相对重要性的权数进行确定，构建模糊综合评价模型来对高校教师绩效水平进行模糊综合评价。其具体评价模型为：

$$B=A\times R$$

$$V=B\times X$$

其中，B 表示评判结果矩阵；A 表示权重集；R 表示模糊评判矩阵；V 表示评价结果；X 表示评语集。

运用该模型对于高校教师绩效水平进行评价的具体方法如下。

（1）因素集的建立：以教师绩效为评价目标，将目标的要求逐级分解到具体指标，根据指标因素内涵大小和指标间相关程度，划分为目标层、准则层和指标层三级。

（2）评语集（X）的建立：综合考虑各因素对于教师绩效的影响，将评语集确定为 X=｛较高，较高，中等，较低，低｝，为了便于分析，得到数值结果，可以将评语集具体量化为 X=｛100，90，70，50，30｝。

（3）确定权重集（A）：评价指标的权重可以表征评价指标的相对重要性大小；权重的合理与否直接影响着综合评价的结果；由层次分析法计算各个指标层的权重大小。

（4）确定模糊评判矩阵（R）：通过专家打分、调查、座谈、讨论和个

别访问等方式，对不同性质的评价指标进行分析，得出评判隶属矩阵 R。

（5）计算评判矩阵（B）：根据公式 $B=AB\times R$ 得到用于评价的评判矩阵 B。

（6）得出评价结果（V）：最终评价结果由 $V=B\times B\times T$ 得到，最终评分分值越高，说明项目在所有评价指标上的综合表现越佳，从而说明教师绩效水平越高，反之亦然。

如某高校拟对本校教师进行一次统一的工作绩效评价，并以评价结果作为教师年终工作考核的主要依据。下面将通过对某一特定教师的工作绩效水平做出评价。将评语集 $X=\{100，90，70，50，30\}$代入公式 $V=BX$ 中即可得到最终的评价结果 V，且最终评判结果 V 的值介于 30 和 100 之间。若 V 值越接近 100，则说明该教师的绩效水平就越高，越接近 30 则说明该教师的绩效水平也就越低。

三、地方高校薪酬控制

伪造领薪人姓名、不严格执行考勤考核制度、不按考核结果计酬、超付工资或照常支付离、退休及死亡人员工资等，这是地方高校教师绩效管理中经常出现的舞弊现象。加强对薪资工作的控制，不仅有利于制约上述舞弊行为的发生，同时也有利于调动广大员工的积极性以提高工作效率和工作质量。

（一）薪酬控制的内容

薪酬循环控制的内容主要包括对人事资料、人力资源规划、招聘、训练、考核、升迁、薪资表编制、薪资发放等作业的控制。

1．人事职能控制

任何地方高校的劳动人事部门均要根据高校的实际情况提出员工规划、工资预算、分配计划及培训办法等。如根据高校现有员工状况及未来发展需要，提出员工规划；根据员工规划、劳动法及其他相关的法律法规、高校工资制度，提出工资总额预算；根据高校员工分布情况及工资总额预算、工资分配制度，提出工薪分配计划和考核奖惩办法；根据员工素质状况，结合具体工作和未来发展规划，提出员工培训计划（包括岗前培训、常规教育、业务技能培训、专职脱产培训等）。上述计划编出后，应由高校最高管理者批准并授权劳动人事部门去执行。高校最高管理者还应授权劳动人事部门指定专人工资单的编制工作，指定专人负责人事档案的记录和保管工作，负责对员工考核结果的兑现。

（1）劳动人事部门录用新员工时应符合国家有关法律法规的规定及高校发展的需要。劳动人事部门应根据经批准的员工规划，采用适用的招聘方法进行招聘，并拟定录用人员名单，报请高校管理者审批。经批准录用的员工，应由劳动人事部门代表高校与其签订劳动合同。劳动合同应包括的内容：合同期限、工作岗位、工作条件和劳动保护、工资和福利待遇、奖励和处罚、合同终止和解除的条件、违反合同的责任以及劳动争议的解决办法等。对试用期满后的员工，劳动人事部门应根据测评意见及平时考察情况提出是否正式录用的意见，并报高校管理者审批。员工录用后，对其岗位和职务的安排，应遵循“人尽其才、人尽其责”的原则。人员录用后，应由劳动人事部门核定工资标准，记入人事档案。有关新进人员的姓名、工资标准、扣除项目及始发期，应立即通知薪资部门，并抄送新进人员所属部门主管。

员工工资有所变动时，人事部门应将新的资料记入员工档案，并于生效日前通知薪资部门。人员停职，人事部门应将解职通知送交薪资部门。薪资部门的各项工作及编制工资表所列的姓名与工资标准等，均应根据高校所签发的正式文件办理。

（2）员工培训应充分考虑员工素质状况和高校发展规划的要求。新录用的员工，由劳动人事部门根据培训计划实施岗前培训。培训内容应包括高校概况与要求、职业道德、规章制度等。员工的常规教育，应结合高校的具体经营情况和新法规、新规章的要求进行安排。业务技能培训，可根据新材料、新工具、新技术应用需要安排，也可根据转变和提高业务技能的需要安排。对需要进行脱产培训的员工，应经高校管理者批准后，有计划地妥善安排，但必须考虑实际工作的需要，做好接替工作，不能影响正常的工作秩序。高校应该制定鼓励员工主动学习新技术、新知识的措施，以利于全体员工素质与技能的提高。

（3）劳动人事部门应严格贯彻执行对员工的考核办法，并要进行实事求是的考核，将考核结果作为奖惩、培养、辞退、晋升和调整工作岗位的依据。高校各部门应根据考核办法，对所属员工按月、按季或按年进行考核，根据考核结果提出奖惩意见并交劳动人事部门。考核结果也应反馈给员工，以利于职工改进不足，发扬长处。劳动人事部门汇总各部门考核情况及要求奖励的情况，在做适当调查的基础上提出奖惩意见，报高校管理者审批。劳动人事部门根据批准情况办理奖励事务，对奖金奖励的，由专职人员填制奖金单，交财务部门发放；对升级、升职的，按照具体规定办理并记录人事档案。劳动人事部门在接到要求惩处的申请后，应认真对照高校奖惩办法中的规定，视其是否相符；并要进行认真调查、听取本人意见、征求工会意见，核定事实后，提出惩处意见，报高校管理者批准。劳动人事部门根据批准的意见办理惩处事务，对扣除工资、奖金的，由专职人员填制工资扣款单，交由财务部门扣款，其他处分按有关人事制度规定办理。

（4）劳动人事部门应根据高校有关人事制度办理辞退和离职等人事变动手续。当出现合同中规定的辞退情况时，由员工所在部门填制员工辞退审批表交劳动人事部门，或直接由劳动人事部门填制辞退审批表。劳动人事部门应调查核实有关情况，对照合同中有关条款签署辞退意见，报高校管理者审批。批准后，由劳动人事部门通知员工及其所在部门，按规定办理交接手续及相关事宜，并记录人事档案。对因考核或工作需要的岗位变动，劳动人事部门应填制岗位变动审批表，报管理当局批准后，通知员工办理交接手续，并记录人事档案。员工辞职，一般应由员工向所在部门提出书面申请，劳动人事部门接到转交来的申请后，报管理当局审批，批准后由劳动人事部门通知员工办理移交手续，并记录人事档案。

2．工资计算控制

任何地方高校均应建立工资计算制度，选择适合本高校的工资标准和计算方法。工资一般应包括基本工资、奖金及工资性津贴。工资计算制度主要包括以下各项内容。

（1）工资计算应以考勤结果为依据。因此，各高校应建立健全考勤制度，考勤制度应明确规定各类假期的期限与工资待遇。日常考勤工作应由教师所在部门执行，劳动人事部门应加强检查和监督。

（2）员工请假，应填制请假单，由其所在部门主管签字后送劳动人事部门，在审批权限内劳动人事部门直接审批，对超出权限的报高校管理者审批，请假获准后，由劳动人事部门通知员工并由考勤人员进行登记。

（3）加班记录及劳动定额完成记录应由员工所在部门主管签字核准后，送交劳动人事部门即可。

（4）工薪结算部门根据日常考勤记录、劳动（工作）定额完成记录、请假记录及考核结果的相关记录，按照高校工资计算规定及时编制工资单和计算奖金及各项社会保障金扣款额，经复核无误后交财务部门。财务部门根据员工工资所得，计算代扣个人所得税额、其他代扣款和实发工资，进行相关财务处理。

值得提出的是，工资结算部门除了负有计算工资和编制薪酬记录之责外，不能兼做其他与工资计算有关的工作，如记录考勤、计时、工资发放等。工资结算部门应编制的表单，一般有薪酬支票、每位员工所得与扣缴表、薪资日记账、员工分户账（载明每位员工的所得、被扣缴税款及其他扣除项目等）、薪资分摊表及报给税务机关的有关缴款书等。

3．工资发放控制

若以现金发放工资，应以装工资袋为宜。工资发放，高校应根据工资表实发数总额，以现金支票提取现金；然后根据个人实发数，分装个人工资袋；当时发生差错，当时查清，不得留到签领后再查。以现金发放工资时，个人应在工资表上签收，凡遇缺席，应将工资袋妥善保管，绝不可交由他人代转。若以现金发放工资，装好工资袋后一般不可将其分送各部门主管代发。

如以银行存款支付工资时，一般要在银行开立专户，会计部门根据工资表，将应付薪资总额送往财务部门；财务部门据以自普通银行存款账户开出支票，转入薪资专户，然后根据每个人实发数从专户转存至各个员工工资银行存款户头。

（二）薪酬控制的措施

薪酬控制措施有以下内容。

（1）人事管理职能集权化，由专门部门和人员负责。

（2）人力资源计划的制订与其他的组织活动相协调。

（3）制订人事和工资的预算。

（4）人员的招聘要根据不同部门的实际需要。

（5）对重要的职位进行工作业绩的分析、考核与评价。

（6）为员工提供适当的培训和发展机会，并将培训和发展的活动记录于单独的人事管理文件。

（7）为员工提供适当的福利待遇。

（8）由管理层对员工的业绩进行定期的考核与评价，并将考核结果记录于员工个人的人事档案。

（9）员工的提升、职务调整和解聘必须经过审批，并记录于员工个人和部门的人事档案。

（10）人事档案应妥善保管，以防损坏、遗失和非法接触。

（11）组织向养老基金、政府有关代理机构和保险公司所尽义务的情况，应向管理层、外部审计人员和法律顾问进行审查，以保证组织更好地遵循有关的规定，履行有关的义务，并及时调整组织的有关政策。

（12）管理层和法律顾问定期对劳动合同进行审查，以保证组织政策得到有效的遵循和灵活调整。

（13）制定适当的政策和程序，及时了解员工的意见和要求，并采取有效的措施予以解决。

（14）员工工资状况的变动（包括由于雇用新员工引起的工资变化），经审批后，向工资结算部门报告。

（15）劳动人事部门和工薪结算部门定期将工资主文件和相应的人事文件进行核对。

（16）员工的工资以劳工合同或组织政策的形式予以确定，并应经过一定层次的管理人员的审批。

（17）工资的扣除项目和扣除标准，由员工个人在有关的声明上签章，以示同意。经过签章的声明应附在员工个人的人事档案上。

（18）工资单最好由电算化的工资系统来编制，否则，应由独立的人员来负责。此外，由专人负责将工资单与工资文件进行核对，审核工资单的完整性；该人员同时负责审核从劳动人事部门获取的工资输入文件。

（19）若工资以现金支付，应由独立的代理机构负责现金的发放。发放现金工资，可把工资装入专门的工资袋。此时，把现金装入工资袋的职员，不能负责工资单的编制。此外，现金应由两名职员分别点计，两人的点计金额核实一致后，才能装入工资袋。

（20）员工领取工资袋或工资支票后，应在收据上签章。

（21）为工资支付开立专门的银行账户。

（22）工资支票的签发人不能同时负责支票的填制。该签发人对有关会计处理和现金管理无须承担责任，如果用签章的方式来签发支票，专用章应由独立的人员来保管，其使用应受到严格的控制。

（23）工资支票由工资部门直接发给员工，不经过员工的主管。

（24）未领的工资应存入专门的银行账户，或者指派独立于工资部门以外的专门机构或人员负责保管。由于员工生病或出差等原因造成工资在短期内未被领取，该未领的工资可由员工所在部门或人事部门代为保管。

（25）在条件许可的情况下，考勤部门最好与工资部门分离。

（26）考勤记录与成本核算中的人工成本记录应定期与工薪结算部门的工资核算进行核对和调整。

（27）由员工个人填写工时卡和工作量统计单，并由专人进行审核。

（28）工薪结算部门应定期进行职务轮换。

（三）薪酬控制的重点

1．人力资源规划控制的重点

（1）人力资源计划须每年、每季更新。

（2）人力资源规划是全面性的，需考量升迁、教育、训练、薪资、激励、福利等项目。

（3）达到所需可用人力前的“前置时间”，在做人力资源规划时应予顾及。

（4）人力资源如有“冗员”，会造成员工劳逸不均与挫折感，应极力避免。

（5）员工职业规划的制订，应考虑个别员工的能力、个性等差异，且具有前瞻性；必要时可采纳员工的意见，以使其对高校产生认同感。

2．招聘作业控制的重点

（1）招聘和选拔的基本目的是增加选择适当人员的成功概率，因此招聘、选拔方式的选择，要视其个别情况及应用此项方式的可信度及有效度而定。

（2）员工均须经审核或测试合格后，方可依规定聘用。

（3）人员选拔，除注意学历及经历外，应测验其学识、专业技能，并重视操守品德及身体健康。此外，亦可函询应征者过去服务高校主管的评语意见，作为取舍参考。

（4）新进人员招聘和选拔作业程序应依高校规定办理，应征应缴的文件表格需齐备，各阶层人员的任用应依规定的核准权限办理。

（5）选拔时，避免主观印象及给予规定外的承诺，双方均应坦诚相向。

（6）选择的招聘方式，务求客观公正，为高校遴选最优秀人才。制订的招聘条件，须保持适当弹性，当市场人力供应不足时，不妨稍微放宽，人力剩余时，条件不妨稍严。

3．任用作业控制的重点

（1）经营财、物人员必须有必要的担保手续。

（2）按规定办妥一切手续，并建立员工个人基本资料。

（3）工资标准依照规定办理。

4．培训作业控制的重点

（1）职前训练需能帮助新人明确了解高校的组织体系、各项管理规章、高校文化，进而迅速适应工作环境，熟悉作业程序，发挥工作效能。

（2）训练内容应充实、生动，任何课程均有充分准备。

（3）负责安排、设计训练课程的人员或部门必须适当。训练可提升员工的生产力，具有前瞻性，应与高校各项政策相互配合。

（4）训练研习计划必须与人力规划密切配合，同时视业务需要，设计适当课程。训练期间尤其应重视考核，并将受训成绩列入人事记录，作为派遣、升迁的重要参考依据。

（5）管理者对下属受训的表现应予以指导及协助。

5．考勤考核作业控制的重点

（1）上班及下班时间，应按时考核。如有迟到、早退或旷工情形，均依高校规定做适当处罚。

（2）员工请事假、病假、婚假、丧假、产假、公假及特别休假，均依规定办理。

（3）员工请假手续、限制天数、证明文件、扣薪办法等，均依规定确实执行。

（4）绩效评估的目的是协助人力资滚决策的制定及员工发展。

（5）评估标准与计算方式应事先告知员工。

（6）主管与员工讨论评估结果时，双方均有所准备．主管对员工的评估回馈，应具有建设性，同时对员工应充分了解。

（7）各级主管为办理员工考核，应设有考评记录，考核方式应客观、公平。

6．奖惩升迁作业控制的重点

（1）各部门主管申请奖励员工事项，应依规定签报，同时具有充分条件及佐证，并定期发布。

（2）各部门主管申请惩罚员工事项，依规定签报，必须经过慎重审议，考虑各项因素后再做适当决定。

（3）报请升迁人员应符合高校晋级条件，按规定程序报请核定，并依权责发布。

（4）现行晋级办法必须具有鼓励作用，有助于高校提拔人才，提高工作士气。

（5）奖惩升迁必须做到公平、公正、公开。

7．工资作业控制的重点

（1）底薪、津贴、加班费、各项扣（罚）款及各项代扣款，应依高校标准及相关法律规定计发。

（2）代扣员工工资所得应依下列规定办理。

1）依扣缴率标准表按月代扣。

2）代扣款逐期报缴。

（3）代扣保费应依下列规定办理。

1）依员工所得投保的金额按保险金额表列的等级每月代扣。

2）代扣保费逐期缴送相关高校。

（4）工资按上、下两期如期发放，工资表经主管签章后办理发放作业。

（5）发放现金的，员工必须亲自领取工资袋，并在“工资领取登记簿”上签名盖章，未领的工资必须做适当处理。

8．福利作业控制的重点

（1）福利措施应合乎高校的负担能力，并让员工满意。

（2）福利工作应确实依照规定执行。

（3）福利金收支、账务、出纳必须控制良好。

（4）职工福利委员会应定期向员工报告公司福利金的收支情形。

（5）福利金支用应避免浪费或不必要的支出。

（6）各项福利项目应符合员工需求。

（7）各项活动的员工参与度应予以加强。

9．离职、退休作业控制的重点

（1）员工离职、资遣、退休，应查明有关规定慎重处理。有关员工自动要求离职的，应个别查明原因，采取适当措施，以降低不必要的人员流动率。

（2）员工离职、退休，应依高校规定时间内提出申请，办妥手续，并做好工作交接。

（3）符合资遣条件时，应查明已无其他可供选择的途径，方可资遣。

（4）退休为员工享有的权利，除已届龄者外，其余经验丰富、办事得力者应设法挽留。

值得注意的是，在工资控制中，特别要注意实行不相容职务的分离：工资单的编制与复核不能由一人担任，工资单的编制人、复核人不能同时担任工资的发放人；员工的录用和审核不能由一人同时负责，员工的辞退与审批也不能由一人同时负责；员工的考核与审批不能由一人同时负责；工资的编制、发放与工资档案保管也不能由一人同时负责。

四、绩效评估反馈流程

高等教育进入大众化阶段后，高等教育质量成为人们关注的焦点。对高校教师进行绩效管理便成为保证和提高高等教育质量的重要措施之一，绩效评估是进行绩效管理的关键环节。绩效评估有很多作用，管理者可以通过绩效评估进行人力资源管理，但是绩效评估的最终目的是将组织的目标和个人的目标联系或者整合起来以提高组织的效益。因此，要想实现这个目的就必须重视对评估结果的处理和运用。笔者认为主要通过两条途径对绩效评估结果进行处理：一条途径的主体是被评估教师，即把绩效评估结果和分析报告反馈给教师个体；另一条途径的主体是高层管理者，即把绩效分析结果上报给高层管理者。因此，只有高层管理者和一线教师都能积极参与到绩效评估的整个过程中，绩效管理的最终目的才能得以实现。

（一）高校教师评估目的的特殊性

绩效评估最早普遍用于公司。学者对高校绩效评估的研究也是通过对公司的调查研究得来的。企业是以营利为目的的，追求最大剩余价值是其根本所在，而高校的职能是培养人才、服务社会和科学研究。高校教师绩效评估的普遍兴起是由于高等教育质量逐渐成为社会关注的焦点，实施教学和管理的直接承担者及其教学管理绩效是高等教育质量的关键所在。因为教育有不可逆性，所以，高校进行绩效评估的最大目的是保证教育质量，提高教学效果。具体来讲，高校进行绩效评估的目的有以下几点：首先，使被评估教职工认同对其绩效表现的评价以消除分歧和矛盾；其次，使教师认识自己的成就和优点，从而有利于教师充满信心地弥补缺陷和不足；最后，通过沟通分析问题出现的原因，并根据学校的发展目标共同确定下一个阶段的任务。

（二）高校教师评估客体的特殊性

高效教师评估的客体是教师。高校教师是一个特殊的群体，与其他部门的员工相比，往往具有高学历、专业性强等特点，在个性、价值观念、心理需求、行为方式等方面具有很多特殊性，具体体现在：一是高校教师具有较高的素质。高校教师绝大部分都是受过正规化高层次教育的人，具有较高的学历、开阔的视野、博而专的知识、积极的思维方式、强烈的求知欲望、较强的学习能力以及其他方面的能力素养。二是高校教师具有强烈的实现自我价值的愿望。他们渴望展示自己才能，喜欢具有挑战性的工作，而且特别注重他人、组织、团队和社会对本身的评价，希望得到认同与尊重，更看重工作的成就。三是高校教师具有较高的创造性和工作自主性。高校教师在除授课以外的时间里，从事的大多是创造性的劳动，依靠自身的专业技能进行创造性的思维，不断产生新的知识成果。他们倾向于拥有宽松的、高度自主的工作环境、有弹性的工作时间安排，强调工作中的自我引导、自我管理和自我调节。在对高校教师实行绩效管理，尤其是在进行绩效评估反馈时，首先必须考虑到教师这个特殊群体的诸多特点。如果忽略了高校教师的这些特点，高校的绩效管理就达不到预期的效果。

（三）高校教师绩效评估反馈流程设计

1．专家对评估结果进行分析

评估体系和技巧决定着评估结果的可靠性和有效性。但是在绩效评估的过程中往往会存在一些计划之外的实际问题。那么，在对高校教师绩效评估结果进行处理时，就需要专家对评估结果进行分析，而不是通过简单的比较得出结论。专家通过对信息的加工、整理，得出绩效评估对象（高校教师）的评估指标数值或状况，将该评估对象的评估指标的数值状况与预先确定的评估标准进行对比，通过差异分析，找出产生差异的原因、责任及影响，最后形成绩效评估的分析报告。采取专家对评估结果进行分析的措施，一方面是为了尽量确保绩效管理的有效性和可靠性；另一方面可以为教师个体和高层管理者提供组织总体的绩效发展概况，并提供相应的诊断建议。这样，教师个体可以确定自己的工作优势和有待于提高的绩效领域；高层管理者也可以据此对教师队伍进行激励管理，帮助教师制订绩效改进的计划，以实现高校的组织效益。

2．将评估结果反馈给教师

绩效反馈是绩效管理中最关键的一个环节。管理者应把绩效评价所得到的结果真实地反馈给教师，并清楚解释结果的由来，使教师了解到自己工作的绩效，认清自己工作中的不足，进而制订出绩效改进计划。但是，对很多管理者来说，没有什么事情会比向员工提供绩效反馈更让人不愉快的了，当人们听到对自己不利的消息时，往往会产生自我防卫。绩效结果的反馈是一个难题，也是一个不可回避的问题。每位员工都有其专长，这也就意味着每位员工都有其需要改进的方面。作为管理者，向员工反馈消极信息，和员工谈论他们的不足之处，常常会感到难堪。尤其是高校的管理者，他们面对的是一个特殊的群体，高校教师与其他部门的员工相比往往具有学历高、专业性强等特点，所以往往在个性、价值观念、心理需求、行为方式等方面具有很多特殊性，要想成为成功的高校管理者必须要充分地了解并善于利用这些特点对教师进行管理。因此，向高校教师进行绩效反馈时就必须讲求方法和策略。

首先，管理者必须是真诚的，反馈的氛围是具有建设性的。在进行反馈之前，管理者要做好充分的准备，和教师商定面谈的时间和地点，选择双方都比较空闲的时间以确保反馈时双方都能集中注意力，认真对待这件事情，而不是走过场。地点最好是选择比较舒适、放松的环境，如小型会议室、类似咖啡厅的休息地点。最为重要的是管理者要熟悉面谈教师的评估资料，不仅包括他的工作情况，还要包括他的背景、经历、性格特点等。对反馈对象有了充分的了解，管理者才可能预测到在反馈过程中可能出现的问题以及应对策略，知己知彼，才能百战不殆。这种做法也使教职工在反馈前能够做充分的准备，可以引导管理者重新回顾自己的绩效行为、态度和结果，准备好相关证明自己绩效的依据；准备好要向管理者提问的问题，以帮助自己解决工作过程中的疑惑和障碍。

其次，反馈是对具体行为的反馈。在反馈过程中最忌讳的就是说大话、空话、套话，无论是表扬还是批评，这样的话都不会达到预计的效果。例如，“你的表现很出色”这样的话最多只会让听者一时感觉很好，但对以后的工作发展起不到多大的作用；而“您的课堂气氛很活跃，而且有秩序，活而不乱”，听者在听到这样的话时就会回忆起自己上课时的情景和心态，有意识地积累经验，为以后的工作发展打下基础。另外，对消极消息的反馈越笼统，否定的意义越强，听者就会越反感。因此，管理者要针对具体的行为和事实给教师做出具体的反馈，用具体结果支持结论，引用数据，列举实例，这样才能让教师心服口服。

最后，管理者要提高沟通技巧。

（1）沟通是人际关系和谐的必要条件，有效的沟通才能够达到好的效果。

如果管理者在绩效反馈过程中没有应用有效的沟通技巧，结果只会适得其反。因此，要达到预期的效果，管理者必须提高沟通技巧。沟通必须以平等为原则，保持双向的沟通。过去管理者和员工的沟通往往是上级找下级谈话，以命令、训斥的方式进行，下级只能是被动地接受。这样，教师的真实想法就没有表达的途径，一些好的建议和意见被压制。只有以平等为原则，才能实现有效的双向沟通，才能使全体教师参与到管理活动中来，教师才能意识到是自己在管理自己，这就迎合了高校教师较强的自主意识。在沟通时把重心放在“我们”上，即用“我们”作主语，不使用带有威胁、恐吓的语言和语调，这样，管理者才能获得教师的真实想法，才能集思广益，达到沟通的目的。在沟通时应该侧重经验的分享，思想的交流。在指正教师的绩效缺陷时，不应该说“你怎么能……”“你不应该……你应该……”。听到这样的话语，教师会感到自己处于不平等的地位。作为管理者可以举出在这方面成功的例子，也可以分享自己的经验：“我当时是这样做的……”让教师自己从中体会，汲取精华。在批评时避免使用极端化的字眼，如“总是”“从不”“太差”“太糟糕”等。因为这些极端化的词语在用于表达消极结果时使人感到评价缺乏公平性和合理性，从而使被批评者增加不满情绪，同时感到心灰意冷，严重打击其自信心。因此，管理者在传达消极绩效时，尽量使用中性词，使用相对缓和的语气。

（2）管理者在进行绩效反馈时首先要鼓励教师对自己的工作进行自我评价。通过自我评价，教师可以认真地思考自己的工作绩效，从中发现自己的优势，找出自己的不足。认真思考的教师能够更好地参与到反馈过程中。高的参与度往往会带来高的满意度。

（3）少批评多鼓励。绩效反馈的目的是向教师提供准确的绩效反馈，不仅是找出问题、解决问题的有效途径，还是一个管理者对教师进行激励的有效途径；管理者要看到教师的成绩，给予肯定并表示祝贺。一位有效的管理者不应该是没有一点技巧地对员工贬损，因为，当教师意识到自己存在绩效问题时，他们会努力寻找解决的途径，如果管理者一而再再而三地举出绩效不良的例子，教师就会反感，产生防卫心理，结果必会适得其反。少批评多赞扬可以使教师清楚地意识到管理者不仅仅是在寻找员工绩效的不足，更增加了绩效的可信程度。

（4）多问少讲学会倾听。有效沟通的法则是 2/8，即 80%的时间留给员工，20%的时间留给管理者自己。而管理者在这20%的时间内，可以将其中80%的时间用来发问，20%的时间用来“指导”“建议”“发号施令”。也就是说，管理者通过提问引导教师发现自己的问题，并考虑解决问题的对策。这样就会减少教师对不好信息反馈的抵抗情绪。另外，作为管理者必须学会倾听。

（5）管理者要明确沟通的目的在于解决问题。这并不意味着绩效反馈就只是为了找出员工在绩效中存在的问题。绩效反馈过程中要遵循多表扬少批评的原则。赞扬往往会强化员工的相应行为，表扬也能够营造宽松的交流环境。针对教师的不足，管理者应该明确沟通的重点要放在解决问题上，而不是员工个人或者他本身的价值；在沟通过程中管理者不仅要帮助教师找出缺陷，还要分析问题存在的原因，并且管理者和员工还要针对原因就如何解决这些问题达成共识。

3．将专家的分析结果反馈给教师

专家对组织绩效结果的分析，能够反映出整个组织的绩效现状，指出存在的问题和改进的建议等。这一方面有利于教师了解目前组织绩效的状况，并与自己的绩效现状进行对比，找出自己的优势以及需要改进的地方和程度；另一方面也为管理者和教师进行绩效反馈面谈提供了一个科学、有效的凭证。教师可以针对反馈信息，就自己的工作领域提出问题，同时也可以对学校的管理等工作提出相应的建议。这些问题和建议又可以反馈给专家和高层管理者，专家对这些来自反馈信息的反馈进行分析，高层管理者对这些信息进行综合考虑，为反馈会议的召开做好充分的准备。

4．反馈会议

反馈会议是高层管理者和教师进行沟通的一种有效途径。高层管理者和一线教师在专家的帮助下通过共同改进计划并确定下一步要达到的绩效目标，使教师的个人目标和绩效改进计划与学校的发展目标和计划达到一致。首先，要营造舒适的气氛并明确会议的目的。对于绩效反馈这样的会议，教师常常会有不愉快的经历，因此在会议之前他们常常会感到紧张，或者不舒适。管理者要想在会议中实现双向的沟通，就要明确会议的目的，并且会议上的行动要和所阐述的目的相一致。其次，要鼓励教师发表自己关于绩效评估的意见和以后的打算，以及对组织目标发展的建议。高层管理者只有在集思广益的基础上，优化选择，才能实施有效的绩效管理，同时也增加了教师的归属感和主人翁意识。最后，高层管理者和教师确定具体的改进计划，在管理者和教师进行绩效反馈面谈的基础上，在高层管理者和教师对绩效评价结果达成共识后，高层管理者和教师共同制订组织的绩效目标和个人的绩效改进计划。一方面，教师参加到学校的绩效改善计划制订的过程中，会增加他们对绩效管理制度的满意度；另一方面，教师可以使自己的绩效改善计划得到上级的支持和帮助。反馈会议是确定下一年绩效目标的切合点。研究表明，目标的制订有利于提高员工的满意度，激发员工改善绩效的动力，以实现绩效的真正改善。

第六章　高校财务管理系统构建

第一节　管理层决策指挥系统

一、财务领导体制及管理机构

要做好高校财务管理工作，首先必须理清高校的财务领导体制问题。对于高等学校的“校长负责制”领导体制，国家有明确的法律规定，高校是没有自主决定权的。因此，高校财务领导体制必须与高校领导体制一致，在统一的领导体制下，财务管理工作的具体管理办法和管理措施可以根据最优原则来选择。

（一）管理层财务领导体制的相关规定

高校财务管理工作校长负责制，是由法律赋予校长的职责。《中华人民共和国高等教育法》明确规定了“国家举办的高等学校实行中国共产党高等学校基层委员会领导下的校长负责制”。

《中华人民共和国会计法》规定了“单位负责人对本单位的会计工作和会计资料的真实性、完整性负责”。

《高等学校财务制度》也提出了“高校财务工作实行校（院）长负责制。符合条件的高校应设置总会计师，协助校（院）长全面领导学校的财务工作”。

从以上相关法律法规可以看出，校长是学校的法定代表人，具有全面领导和管理学校各项工作的法定权力，是学校各项工作的总负责人。因此，为理顺财务关系，落实经济责任制，根据责权相结合的原则，高校的财务工作由校长负责，只有这样，校长才能及时了解财务工作状况，全程监控财务活动。

（二）管理层领导财务工作的实施形式

高校管理层领导财务工作的形式多种多样，主要有校长直接领导学校财务工作、学校领导班子共同管理学校财务工作、财经委员会管理学校财务工作、总会计师管理学校财务工作等。

1．校长直接领导学校财务工作

校长直接领导学校财务工作，是指校长亲自负责全校的财务工作，并指挥财务部门具体管理财务工作．财务部门负责人直接向校长汇报财务工作情况。校长领导财务工作，财务部门负责人具体管理财务工作，这种校长负责制和财务处长管理制，是高校对学校财务进行管理的主要形式。

2．学校领导班子共同管理学校财务工作

领导班子共同管理学校财务工作，即校长委托分管财务的副校长管理学校财务工作，委托分管学院及部门的副校长管理本学院及本部门的经济工作及预算资金使用等，在校长的领导下，学校领导班子共同管理学校财务工作也是高校管理层领导财务工作的一种主要形式。

3．财经委员会管理学校财务工作

财经委员会管理学校财务工作，是指学校成立由校领导和相关部门经济管理人员组成的财经委员会，协助校长管理学校的财务工作。相对来说，财经委员会由懂经济的人组成并实施管理，因此从理论上讲对学校财务工作的管理更为有利。

4．总会计师管理学校财务工作

总会计师管理学校财务工作，即由总会计师协助校长全面管理学校的财务工作。根据《总会计师条例》中对总会计师的定位："总会计师是单位行政领导成员，协助单位主要领导人工作，对单位主要行政领导负责。""凡设置总会计师的单位，在单位行政领导成员中，不设置与总会计师职权重叠的副职。"

总会计师制度是中国经济管理的重要制度，在高等教育未普及前，高校的资产和收支总量不大、经济业务比较简单，财务管理的主要任务是管好、用好经费，所以高校总会计师制度没有得到重视和推广。随着我国市场经济的完善和高校的发展，对财务管理专业人才的需求越来越迫切，客观上要求高校加快财务管理专业化的进程。在这样的背景下，2011 年教育部、财政部颁布实施了《高等学校总会计师管理办法》，高校总会计师制度将会得到前所未有的发展，总会计师管理高校财务工作将成为未来的主要形式。

（三）财务管理机构的设立

财务领导体制确立后，管理层必须设立财务管理的机构，负责日常财务工作的管理。根据高等学校财务制度的要求，高校管理层必须单独设置财务处作为一级财务机构即校级财务机构，在校长负责和管理层的领导下，统一管理学校的各项财务工作。因工作原因，需要设置二级财务机构的，二级财务机构的财会业务必须由一级财务机构统一领导、监督和检查。

二、财务管理模式选择

财务工作领导体制问题落实后，管理层还需要解决财务管理模式选择的问题，即选择什么样的管理模式来实施财务管理。

在校长负责制的“统一领导”下，根据集权与分权的组合情况，高校财务管理模式主要有三类，一是“集中管理”的集权模式，二是“分级管理”的分权模式，三是“混合模式”即集中管理和分级管理相结合的模式。“统一领导”是指财经工作实行学校统一领导，包括统一财经方针政策、统一财务收支计划、统一财务规章制度、统一资源调配、统一财会业务领导。统一领导是为了防范政出多门、各自为政等风险发生，保证财务管理工作有序进行，是对高校整个经济管理环境的控制。

（一）“集中管理”的集权管理模式

集中管理是指学校的财权、财务规章制度制定权和财务活动由学校集中管理，学校的财务收支由学校财务机构统一进行核算。

集中管理模式是最早、最简单的管理模式，优点是财权高度集中，随时可以调集资金，有利于学校对资金的调控；缺点是灵活性差，不利于调动各级财务管理的积极性。这种模式适合规模小、资金少的高校，因为规模小的高校需要集中财力，重点做好某项事业，如果财权、财力分散，将影响到学校的发展。

（二）“分级管理”的分权管理模式

分级管理模式，根据高校规模的大小又可具体分为二级管理模式和三级管理模式，一般情况下是选择二级管理模式。

1．二级管理模式

二级管理模式是指在建立健全财经规章制度、明确内部各级单位权责关系和统一领导的基础上，根据财权划分、事权与财权相结合的原则，由学校、学院进行两级分权管理，二级学院有权对学校下达的预算经费和分配的资源进行统筹安排和使用。但由于管理和监督成本高，财务收支由学校财务一级机构集中核算，二级学院可以设立报账员或财务联络员，负责学院财务报账以及与一级财务机构的联络工作。

二级管理模式的优点是既能调动二级学院的积极性，又能集中全校的财力搞好学校建设；缺点是二级学院的财权有限，不能完全自主理财。这种模式适合中等规模的高校，或规模虽大但资金量不是很大的高校，这类高校需要调动校内二级学院的理财积极性，适当下放财权，但学校财力不足，需加强管理，集中全校的财力搞好学校建设。

2．三级管理模式

三级管理模式是指在建立健全财经规章制度、明确内部各级单位权责关系和统一领导的基础上，根据财权划分、事权与财权相结合的原则，由学校、学院、系进行三级分权管理，二级学院和三级系有权对学校下达的预算经费和分配的资源进行统筹安排和使用，但财务收支进行二级核算和管理。二级核算是指学校在统一的财务收支计划和资源配置下，将预算拨给二级学院，由二级学院负责核算本级及所属的三级系的财务收支活动，在学校统一领导下，由二级学院管理本级和所属三级系的会计事务，实行学校和二级学院两级核算管理，财务部门派出会计人员或会计机构对二级核算进行监管。

三级管理模式是随着高校合并及规模扩张而出现的管理模式，优点是扩大了二级学院的财权，能充分调动二级学院的理财积极性；缺点是学校财力分散，不利于资金调动，有可能出现二级学院为了自身的利益损害学校的整体利益，以及各学院发展不平衡等问题。这种管理模式适合规模超大并且资金实力雄厚的高校，有利于调动学校各级的理财积极性，避免资金集中管理带来的低效率。

（三）集权与分权相结合的“结合管理”模式

混合管理模式即高校部分财权采用集中管理、部分财权采用分级管理。在学校统一领导的基础上，一方面，根据财权划分原则，将学校需要统一管理的事项如人员工资等由学校职能部门进行集中管理；另一方面，根据事权与财权相结合的原则，将教学业务费、科研费等日常业务性经费通过预算的形式由学校拨给二级学院进行分级管理。

混合管理模式比较灵活，可根据需要调整集中管理或分级管理的经济事项，能够有效控制需要控制的财权，同时又能局部调动二级学院的积极性。这种模式适合需要灵活调控的高校。

以上三种管理模式各有优缺点及适应性。规模小、在管理上只设置学校一级管理机构的高校，一般选择集中管理模式；规模大且设置了学校、学院、系三级管理机构的高校，一般采用分级管理模式，其中规模较大的高校一般实行学校、学院二级管理；规模超大的高校实行学校、学院、系三级管理。

在校长负责制的统一领导下，高校可根据规模大小、资金量大小等情况，灵活选择分级管理或集中管理模式，并且随着高校自身的发展，根据各自的具体情况变化，适时调整适合自己的管理模式。

三、分级理体制建立

（一）统一领导的内容及权限设定

在校长负责制下，高校的财务工作实行学校统一领导。统一领导的内容和权限包括如下内容。

1．实行统一的财经方针政策和财务规章制度

在国家的财经方针政策框架下，高校管理层根据学校的具体情况和发展规划，制定和颁布学校的财经政策和发展方针。同时高校应根据高等学校财务制度和会计制度等要求，建立健全财务规章制度，明确学校、学院的职责和权限。二级学院统一执行学校的财经方针政策，遵循国家财经法律法规、会计制度，以及学校根据实际情况制定的财务管理和会计核算具体办法，不得另搞一套、政出多门。

2．执行统一的财务预算和资源调配

高校管理层应根据年度收支情况和学校发展需要，统一编制年度收支预算，学校的各项资源纳入统一调配。年度收支预算经管理层批准后统一执行，二级学院必须根据学校年度预算，执行本学院年度收支计划。根据各学院承担的教学、科研等任务情况，教学科研用房、设备等资源由学校统一进行调配使用。

3．实行财会业务统一领导

学校财会业务由一级财务机构统一领导，包括财务管理、会计人员从业管理、业务培训和业务指导等。二级财务机构必须接受学校财务部门的统一领导和业务指导。

（二）分级管理的事项及权限设定

实行分级管理的二级学院，在学校的统一领导下，可以自主管理的事项和权限包括如下内容。

1．制定具体实施办法

二级学院在执行学校统一前提下，可以根据木学院实际情况制定具体的

实施办法和落实措施。

2．统筹使用预算资金

在学校统一预算和资金配置的前提下，二级学院将学校分配的预算经费，包括学院的人员经费及教学、科研等日常公用经费等，按照学院教学等各项计划的进展情况进行统筹安排和合理使用，提高资金的使用效益。

3．财务收支管理

在财会业务统一领导下，二级学院可以设立报账员或财务联络员，负责学院与一级财务机构的联络和报联工作。二级学院有权管理本学院日常经费收支，组织本学院的各项收入，并负责学院各项预算支出的审批。

（三）分级管理的考核及评价设计

如果实行分级管理，就必须对分级管理的学院进行考核，以考核结果来评价管理的效果。对二级学院的考核分为定性考核和经济指标考核两类。

1．定性考核

主要考核财务管理能力即遵守财经法律法规的情况，以及财务管理秩序情况。

2．经济指标考核

（1）教学经费投入比重和仪器设备投入比重，即学院所有支出中用于教学方面的耗费性支出和用于仪器设备的资本性支出所占的比例。该指标可反映用于教学方面的经费是否合理。

（2）经费投入与产出情况。该指标可反映经费支出的使用效益。

（3）学院筹资能力，即除了学校预算拨款外，其他收入占学院总收入的比例。该指标可反映学院筹措其他资金的能力。

四、管理和控制制度设计

高校财务管理过程是价值管理和行为控制的统一过程，价值管理是指理财，即资金效益最大化；行为管理是指控制和监督，即对经济行为进行控制，使之符合法律法规和管理的要求。在确定了财务管理体制后，管理层必须进行财务管理和控制制度的高层设计。

（一）各管理系统的制度设计

制度设计是指高校为实现财务管理各系统及各环节的有效运转而制定的一整套规章制度体系。具体来说，管理层应对授权审批管理系统、财务部门管理系统、内部审计监督控制系统的有关价值管理和行为控制等制度进行设计。价值管理主要由财务部门管理系统来实现，行为控制管理涉及各个系统。对财务部门管理系统要建立价值管理制度及行为管理控制制度，如经费收支、预算决算、资产负债等各项管理制度，以及财务管理人员的行为控制管理；对授权审批管理系统、内部审计监督控制系统要建立行为管理控制制度，如财务审批应建立明确的审批权限和审批责任控制制度；对内部审计监督控制系统应建立内部审计工作规范。

此外，管理层应建立各系统之间的信息沟通与交流制度，如：授权审批管理系统与财务部门管理系统之间的审批与审核信息沟通，内部审计监督控制系统与授权审批管理系统和财务部门管理系统之间的监督与被监督的信息沟通等制度。

（二）制度设计内容

规章制度是高校为规范财务管理、控制财务风险而制定的各项管理办法，内部控制制度要凭借完善的内部规章制度来实现。俗话说，“没有规矩不成方圆”，健全的规章制度，是进行财务管理活动的前提。高校财务管理活动的各个环节，都必须建立健全规章制度。

高校必须建立的规章制度内容，主要有管理层决策制度、经济责任制度、经济审批管理办法、内部预算管理办法、收支核算管理办法、资产管理办法、负债管理办法、财务信息及数据管理制度、内部审计制度、会计人员管理办法等。

第二节　授权审批管理系统

一、授权审批和审批管理制度

授权审批是高校财务管理的一个重要环节，直接影响高校财务管理的效果。要建立和运行高校授权审批管理制度，必须搞清有关授权审批和审批管理制度的基本概念。

（一）授权审批的内容和原则

授权审批是指高校内部的学院、部门或独立核算单位，按照学校经济审批管理办法的权责约定或管理层的授权委托，审批其职权范围内的财务收支、经济合同签订以及其他经济活动决策。

1．授权审批的内容

授权审批的内容主要包括财务收支审批、经济合同签订、经济活动决策审批等。

（1）财务收支审批。按学校审批管理办法约定范围内的审批权限，审批本级管理范围内的资金收支或预算资金的收支。

（2）经济合同签订。学院、部门或独立核算单位负责人接受管理层的授权或委托，签订本学院、本部门或本单位相关的对外经济合同。

（3）经济活动决策审批。在授权管理范围内，审批有关经济活动事项的决策。

2．授权审批的原则

授权审批的原则主要包括：合理授权原则，“谁主管、谁审批”原则，可操作性原则等。

（1）合理授权原则。合理授权，就是根据经济审批事项的性质和支出额度，确定所授予的审批权限的大小。对于重要的经济事项，授权不宜太大；反之可以授予较大的权限；审批限额可根据各高校资金的具体情况设定，资金充足的高校审批限额可以设置大些，资金不足的高校审批限额可以设置小些。

（2）“谁主管、谁审批”原则。“谁主管、谁审批”原则是以职责为前提，根据职责来设定权限。经济事项由谁负责管理就由谁来审批，以达到责、权、利相结合的目的。

（3）可操作性原则。授权审批制度要在实际工作中具有可操作性，因此授权审批事项分类要合理，一目了然；支出审批限额标准设置不可过细过多，否则不但审批人难以掌握，财务审核管理也会因为过细而影响工作效率。

只有把握授权审批的原则，高校才能更好地根据各自的具体情况，设定符合实际的审批权限和审批金额。

（二）审批管理制度

审批管理制度是高校建立的管理职责与经济支配权相一致的经济审批管理办法，其主要内容是审批管理制度的构成要素。

1．审批管理制度的构成要素

审批管理制度由审批人、审批事项、审批金额及审批责任等要素构成。

（1）审批人，即各级经济管理负责人，对审批人要从上到下分级进行设定。

（2）审批事项，即审批的业务内容，包括收入、支出、经济合同、资产购置和处置等。

（3）审批金额，即每一个级别审批的最高金额，超过这一金额就由上一级审批。金额由小到大，从下一级往上一级逐级审批。

（4）审批责任，即审批人要根据经济法律法规和财务规章制度审批经济事项，对违法违规审批产生的不良后果应承担相应的责任。

2．审批管理制度的分类

根据财务管理体制的集中和分级管理，可将审批管理制度分为集中审批管理制度和分级审批管理制度两大类。

（1）集中审批管理制度。实行“集中管理”体制的高校，采用集中审批管理制度，即以校长、总会计师或分管财务的副校长、财务部门负责人为主，进行财务集中审批的管理制度。

（2）分级审批管理制度。实行分级管理体制的高校，采用分级审批管理制度，即按内部管理层次建立起校长、分管副校长或总会计师、二级学院负责人、三级单位负责人等若干层次的各级负责人分级审批的管理制度。

将审批管理制度进行分类，有利于高校选择适合本校实际情况的审批制度类型，建立自己的审批管理制度。目前，大多数高校选择了建立分级审批管理制度。

二、分级审批管理的设立

为了调动高校内部的积极性，使财务管理更加科学和规范，实行分级管理的高校，除全校性重大经济事项由管理层决策外，经常性的经济事项决策审批由管理层授权给各级负责人进行分级审批管理，即根据权责对等的原则从上到下进行授权，授予各级负责人相应的经济审批权并承担相应的经济责任。以两级管理为例，本节主要讲述如何建立高校分级审批管理。高校建立分级审批管理就是对审批人、审批事项的审批级次、审批限额、审批责任等构成要素进行符合高校实际情况的制度设定。

（一）设定分级审批人

高校审批人是指按照分级授权审批管理办法的规定，具有审批权限的各级负责人。分级授权审批管理的审批人由校长、分管副校长或总会计师、二级学院负责人等若干层次的各级负责人组成。

（二）设定分级审批的审批事项和设立

高校的经济审批事项包括预算审批、收入审批、支出审批、银行贷款审批、投资审批、经济合同签订审批等。审批限额即审批金额的范围应根据各高校的资金情况而定。没有设定审批限额的经济事项，不需要按金额大小区别审批。

（三）界定分级审批责任

审批人对所审批的收支的真实性、合理性、合法性负责。各学院、管理部门批准非法乱收费或私设小金库的，由学院或部门负责人承担相应的责任。

审批人不得为便于审批将单项支出化整为零；审批人或受委托签订合同人对所审批和签订的经济事项的效益性负责。对审批内容弄虚作假，或明知被审批事项不合法仍然审批的，审批人应承担相应的法律责任。

第三节　内部审计监督控制系统

一、授权审批审计监督

授权审批审计监督是对授权审批管理系统实施的监督，即根据分级管理经济责任制，对授权审批系统所赋予审批人的职责和权限的履行情况进行审计监督。授权审批审计监督的形式以内部经济责任审计为主。由于高校审计部门属于学校内部监督部门，其职权只能审计监督管理层以外的二级学院、部门及单位的负责人即中层干部，高校管理层的经济责任审计由政府审计部门负责。内部经济责任审计是高校通过对二级学院、部门及单位负责人任职期间，在管理职责范围内的经济审批及有关经济活动和国家财经法律法规执行情况负有的责任，进行内部审计，并通过单位的经济活动记录来查证被审计人员所承担的经济责任，做出内部审计评价。

（一）经济责任审计监督依据及范围

在高校内部进行经济责任审计监督首先必须有监督依据，明确监督对象和范围，才能有效地开展监督工作。

1．经济责任审计监督依据

经济责任审计监督的依据是高校分级管理经济责任制度及授权审批管理制度所授予的权限和职责。

2．经济责任审计监督对象和范围

经济责任审计监督的对象为高校部门、二级学院及单位中具有审批权限和经济管理职权的负责人，因此审计监督的范围是被审计人员所管理的本部门、本学院和本单位所有审批的经济事项及经济活动。

（二）经济责任审计司程序和内容

1．经济责任审计监督程序

经济责任审计监督程序按干部经济责任审计程序进行，由组织部门委托审计部门实施。

（1）由组织部委托，经管理层分管领导批准部门对被审计人员进行任期、任中授权审批等经济责任审计。

（2）审计部门接到委托书后，办理审计立项，制定审计实施方案，在实施审计的前三日向被审计人员及所在单位送达审计通知书。

（3）审计通知书送达后，被审计人员及所在单位应当按照审计要求，及时提供有关资料。被审计人员应根据经济责任审计内容，准备书面述职报告。

（4）审计组进场实施审计时，被审计人员应向审计组提交述职报告并进行述职，同时审计部门在其所在单位进行审计公示，并听取有关教职工的意见。在实施审计的过程中，要做好审计工作底稿。

（5）审计组现场审计结束，整理审计工作底稿，出具审计报告初稿。

（6）征求被审计人员及所在单位对审计报告的意见，被审计人员及所在单位对审计报告书面意见，审计组核实意见后，审计部门将审计报告及所在单位的书面意见，报送管理层主管领导审批。

（7）审计报告批准后，提交给委托审计的组织部门，并送达被审计人员及其所在单位执行。审计报告由学校有关部门归入被审计人员干部档案。

2．经济责任审计监督内容

经济责任审计监督的重点是被审计人员的审批行为及经济活动的合法性、合理性。合法性即审批事项及经济活动是否符合法律法规和学校的规章制度。

二、财务审计监督

（一）财务监督

财务审计程序可分为确定审计计划、实施审计监督、编写审计报告、进行审计整改、审计材料归档五个工作程序。

1．确定审计计划

（1）根据学校管理层的要求或按照审计工作计划，确定当年被审计的内部单位和审计项目。

（2）选派人员组成审计组，编制审计工作方案，包括审计对象、时间、内容等。

（3）向被审计单位发送审计通知书。

2．实施审计监督

（1）财务部门提交与被审计项目相关的账册、会计凭证、制度等书面资料、电子数据，包括：有关财务管理、会计核算、内部管理制度等文件资料，被审计年度会计凭证、会计账称、会计报表等资料，与审计项目有关的经济合同、协议，以及其他有关财务收支的资料。

（2）审计组实施审计，填写审计工作底稿，取得审计证据。

（3）审计组整理、归纳、汇总、分析审计证据和审计工作底稿。

3．编写审计报告

（1）审计组编写审计报告，其中包括基本情况、审计发现的主要问题、审计处理情形、整改情况等。

（2）审计组征求被审计单位对审计报告的意见，并根据反馈的意见对有关问题进行核实、修改或复议。

（3）审计组出具审计意见书或审计决定，经审计部门审定并签发。

4．进行审计整改

（1）被审计单位将审计建议或审计建议书、审计决定书的落实情况报送审计部门。

（2）审计部门对重要的审计事项进行跟踪审计。

5．审计材料归档

（1）审计项目结束后，整理审计材料。

（2）审计材料归档，建立审计档案。

（二）校级财务审计的内容

高校校级财务审计的内容包括基本情况审计、预算审计、收入审计、支出审计、资产负债审计、净资产审计、年资决算及报表审计等。

1．基本情况审计的主要内容

（1）财务管理体制与运行机制是否符合国家的有关规定；学校财务工作是否实行统一领导，是否按规定设立财务管理机构并配备合格的财会人员。

（2）财务规章制度和内部管理制度是否健全，执行是否有效。

（3）财务管理部门内部不相容岗位是否分设，并相互控制与制约；会计核算是否符合会计法规、会计制度和学校的规章制度。

2．预算审计的主要内容

（1）预算编制的原则、方法及编制和审批的程序是否符合国家、上级主管部门和学校的规定，各项收入和支出是否全部纳入预算管理，有无赤字预算；预算调整是否按规定的程序办理并经批准后执行，有无调整项目的原因及金额的详细说明。

（2）各项收入和支出是否按预算执行，是否真实、合法，会计核算是否符合会计制度，预算执行过程中的控制是否有效。

（3）预算的执行情况及差异。预算的执行情况如何，如果差异较大、应当进行原因分析。

3．收入审计的主要内容

（1）财务收入来源的合法性。事业性收费的项目、标准和范围是否经物价部门批准，有无增加收费项目、扩大收费范围、提高收费标准等乱收费问题。

（2）收入入账的完整性。各项收入是否及时足额到位，有无隐瞒、截留、挪用、拖欠或设置账外账、“小金库”等问题。

（3）学费等收费收入是否按规定实行收支两条线管理，并按规定使用财政部门统一印制或监制的收费票据，是否按有关规定将应当上缴的收费收入及时足额上缴财政专户。

（4）是否筹集到满足正常运行所需的资金，保持合理的资金结构。

4．支出审计的主要内容

（1）支出是否真实，是否按预算执行，有无超预算、超计划等问题；有无转移、虚假发票报账、违反规定发放钱物等问题。

（2）支出是否合法，是否按照国家、上级主管部门和学校规定的支出范围和标准执行，有无超标准、超范围支出等问题。

（3）支出是否有效益，资金使用率情况，有无结余很大或损失浪费等问题。

（4）专项资金是否专款专用，有无挤占、挪用等问题。

（5）对投资项目是否进行过可行性研究，投资方向和投资规模是否合理，资金配置是否有效。

（三）二级财务机构及独立核算单位财务审计的主要内容

二级财务机构及其所管理的独立核算单位的财务审计内容应包括二级财务机构的建立和完善情况、独立核算单位的财务情况两部分。

1．二级财务机构审计的主要内容

二级财务机构审计的重点是机构健全情况、人员配备情况、会计基础工作规范化情况等。

（1）会计机构建立和会计人员的配备是否符合高校财务制度规定，会计基础工作是否规范，会计手段、工作环境以及队伍建设是否符合实际需要。

（2）会计账簿设置是否规范，内容是否完整、真实、合法，记录是否及时、清晰、准确。

（3）会计凭证的填制是否符合要求，所反映的经济内容及会计处理是否真实、合法，会计凭证的审核、传递、归档是否合规定。

2．独立核算单位审计的主要内容

二级的机构管理的独立核算单位，组织形式多种多样，有事业性质的校医院、自收自支的非营利性质的服务单位、学校办的企业或集团参股的公司等，采用的会计制度也不尽相同，校医院采用医院会计制度，公司制的企业采用企业会计制度等。对独立核算单位的财务审计，应根据每个单位的性质不同而有所差别或侧重。

三、经济法律文书监督

经济合同是高校使用最广的经济法律文书，涉及经济技术合作、投资、贷款、联合办学、资产出租和转让、承包经营、用水用电、物资采购、工程项目承建、物业管理等。总地来讲，合同可以分为收入类经济合同和支付类经济合同两大类。收入类经济合同包括经济合作合同、联合办学合同、资产出租合同等，这类合同可以收取合作费、学费、租金等收入或收益，收入类经济合同是合同管理和监督的重点。支付类经济合同包括物资采购合同、工程出包合同、用水用电合同、物业管理合同等，这类合同需要支付货款、承包工程款、水电费、物业管理费等，支付类经济合同一般是通过政府采购或工程招标程序签订，通常在采购或工程招标环节进行管理和监任。

（一）经济活动监督

经济合同签订程序监督包括对合同起草主体、合同审批、合同用章等方面的监督。

1. 经济合同起草主体监督

高校对外经济合同应以法人的身份起草和签订，内部二级学院、部门等可以用学校的名义起草合同；非学校内部组织及个人不得以学校的名义起章合同。内部审计主要监督合同起草单位的资格是否符合要求，能否用学校法人的名义签订合同。

2. 经济合同审批监督

一般性经济合同起章完毕后，应经过授权审批系统由审批人或授权审批人进行审批；重大的经济合同应通过相关领域专业人员讨论，并经过法律顾问审核后，提交管理层决策指挥系统决策审批。内部审计主要监督审批程序是否符合规定。

3. 经济合同用章监督

高校经济合同除统一使用法人名义签订，还应该统一使用学校的合同专用章。内部审计主要监督每项经济合同是否全部统一使用学校的合同专用章，有无为规避审批以学院或部门公章代替学校合同专用章的现象。

（二）经济合同条款监督

经济合同条款监督主要是监督条款的合法性、合理性。

1. 条款的合法性监督

经济合同应符合《中华人民共和国合同法》的规定。内部审计监督首先应审核合同条款内容是否符合法律规定，有无与法律确定冲突的条款。

2. 条款的合理性监督

经济合同条款内容应该符合正常的逻辑思维，具有合理性。内部审计应该审查合同中是否存在损害学校利益的异常条款或内容，如果存在异常条款，应进一步审查原因及可能存在的问题。

（三）经济合同备案及履行

经济合同备案管理与履约密切相关，合同管理规范才能保障按期履约。

1．合同备案监督

高校经济合同应由学校档案管理部门统一归档管理，内部审计应监督经济合同是否由档案管理部门统一归档管理，是否报送财务部门和审计部门备案。

2．合同履行监督

经济合同的履行由财务部门进行审核。内部审计应监督以下事项：支出类合同按约付款是否经过财务部门的审核，是否按照合同条款审核付款；收入类合同的收入款项是否按期到账，财务部门是否督促对方及时履行合同，是否存在已到期但未收到的合同应收款的事项。

第四节　财务部门管理系统

一、财务管理信息化

高校财务管理的发展最引人瞩目的是财务管理的信息化。财务管理信息化是以财务部门的“财务管理信息系统”软件为主要手段进行各项管理和控制，同时财务管理信息系统与校园网、开户银行系统连接进行相关财务信息的交换和传递。因此，现代高校财务管理是由现代网络信息技术作为支撑的。与传统的财务管理相比，最大的差别就是通过网络及财务信息系统进行管理和信息交换，管理效率高、效果好。

高校财务管理信息化体现在两个方面：一是财务辅助管理信息化。网络技术和校园网建设为财务管理提供了信息沟通和交换的平台。财务信息发布和数据查询，从传统的纸质的人工传递发展为网络传递和系统自动查询；校园卡的使用，解决了校内零星收入无现金化管理的问题，增加了财务管理手段；财务管理系统与银行联合，实现了“无现金报账”“电子转张”等网上银行结算，提高了财务管理水平。二是财务管理信息系统功能多样化。随着计算机技术的进步，“高校财务管理系统”已由原来单纯的电算化核算功能，升级发展为集收支核算、分级管理、预算控制、报表生成和其他软件接入等功能为一体的多功能管理系统，有利于提高管理的质量和水平。

（一）财务帮助管理信息化

校园网系统与财务管理有关的是财务网页、校园一卡通及加载的收费软件子系统，财务部门将财务管理信息系统查询功能连接到财务网站，提供给教职工和学生查询自己的工资、经费、学费缴纳等相关信息。

1．校园网财务信息平台

通过校园网搭建的财务信息平台起到了信息沟通作用，体现了服务功能。信息沟通包括将相关国家财经制度、财务各项管理文件、学生收费项目和标准、通知等通过校园网财务网页进行发布，同时将教职工的各种建议和意见通过网站收集起来，经后台进行处理后再反馈到网页。服务功能包括查询工资及个税、学生缴费、个人科研项目、部门预算经费收支等。

校园财务信息平台除了信息查询和信息发布等基本功能外，正在逐步增加业务服务功能，如个人收入管理、远距离账务处理、预约报销、智能排队短信通知等。远距离账务处理，使财务人员可以在财务部门办公地点以外，通过校园网办理审核和制单，摆脱了办公地点的束缚。教职工可在财务网页点击“预约报销”，输入报销内容及预约报销时间，就可以在约定的时间办理报销。智能排队短信通知功能，就是到财务部门办理报销业务时，在排队机上取完号后，可以先去办理其他事，快到号时系统会自动通知取号人。

2．校园卡和收费软件

校园一卡通信息系统是应用IC技术和网络通信技术专门为校园综合管理而开发的系统。“校园卡”储存学生的各项信息，除了借阅图书的功能，还可用于校内就餐、购物、交费等结算，为财务管理提供了新的手段。校园一卡通信息系统将校园卡刷卡消费的各项收入传递给财务管理信息系统中的账务处理子系统，进行账务处理。

校园网可以加载缴费软件，缴费软件系统可以进行注册或报名，然后通过个人网上银行缴费，并将收费收入传递给财务管理信息系统的收费管理子系统，进行收费处理。

3．校园互联系统

计算机技术的发展，使经济业务实现了网络化，财务管理信息系统与网上银行对接的校园互联系统，实现了“电子转账”“无现金报账”等网上银行结算。“电子转账”即对公业务的转账、电汇、信汇等业务由网上银行转款所代替，不用到银行柜台办理；“无现金报账”即个人的差旅费、劳务费等费用可以通过财务管理信息系统与银行系统接口连接，直接将款项打入个人的银行卡，不再使用现金付款。通过网上银行进行付款及结算，有效地控制了现金风险，使财务结算更加快捷和高效。

（二）财务管理信息化

财务管理信息化是通过开发和建立高校财务管理信息系统软件来实现的，高校财务管理信息系统是由财务电算化发展而来的多功能管理系统。财务管理信息系统可以根据用户的需要增加管理功能，软件开发需要满足高校“集中核算、分级管理”的要求，综合核算、管理和查询服务等的功能。计算机技术对高校财务管理的作用越来越大，现代高校财务管理若离开了信息管理系统，将无从谈起。

1．财务管理信息系统的功能

高校财务信息系统必须满足分级管理、预算控制、集中核算、其他软件接入等基本管理要求。

（1）分级管理功能。财务管理信息系统一般通过设置“部门”来实现分级管理的功能，实行学校、二级学院按部门核算及分级管理。

（2）预算控制功能。财务管理信息系统一般通过设置“项目”来实现预算管理和控制的功能，通过“科目＋项目”的双重核算管理，达到控制预算经费使用的目的。

（3）集中核算功能。财务管理信息系统通过网络将各财务人员使用的电脑终端连接在一起，根据每个人的岗位职能分工设置不同的系统使用权限。财务人员在自己的终端电脑上完成自己的岗位工作，然后由系统将每个人的工作内容统一起来，达到集中核算的目标。

（4）其他软件接入功能。财务管理信息系统在安全性的基础上可以增加接入功能，将系统外的数据传输到系统中来。系统数据也可以导出输出系统，做到数据共享，节省人力。

2．财务管理信息系统的设置

财务管理信息系统的核算、管理和预算控制功能是通过对系统进行有效的设置体现出来的，相同的系统不同的设置，作用是不同的，恰当的设置可以把系统功能最大限度地发挥出来。

二、预算管理和控制

高校预算是指根据高校事业发展规划和年度工作任务所编制的年度财务收支计划。预算管理和控制的主要内容包括高校预算的种类，预算编制的依据、原则和要求，预算编制方法，预算编制内容，预算编制程序，预算的控制等。

（一）高校预算的种类

高校预算分为“单位预算”和“内部分级预算”两类。为了与政府部门预算编制一致和便于学校内部分级管理，高校需要编制两类金额一样但用途不一样的预算。一类是上报财政部门的“单位预算”，侧重于财政拨款收入细化预算；另一类是内部分级预算即财务收支计划，侧重于高校内部支出分配细化预算。

1．单位预算

单位预算是指列入政府部门预算的国家机关、社会团体和其他单位的收支预算。而政府部门预算则是指预算编制以政府的各个部门为单位，一个部门的各项财政资金均统一反映在该部门的年度预算之中，以增强预算的规范性、科学性、合理性。高校财政补助拨款收入属于财政教育支出的一部分，因此高校预算是政府教育主管部门预算的组成部分，属于部门预算中的单位预算。

2．内部分级预算

内部分级预算，是根据高校内部发展规划和年度工作计划，按政府财政部门预算批复的单位预算年度收支总额编制的，适用于高校内部分级管理的收支计划。

部门预算和高校内部分级预算收支总额应该保持一致，财政拨款类项目明细预算保持不变，公用经费支出明细预算可能会有所变化，主要体现在内部分级预算因实行分级管理的需要，更加细化和具体。

（二）高校预算编制的依据、原则和要求

高校预算编制是指高校制定取得和分配使用资金的年度计划的活动。高校预算编制必须根据相关依据、遵循相应的原则和符合一定的要求。

1．预算编制的依据

高校预算编制的依据是国家的相关法律法规、预算拨款政策和高校发展规划等，具体包含以下几方面依据。

（1）《中华人民共和国预算法》。

（2）政府收支分类科目。

（3）财政补助标准。

（4）学校发展规划和当年工作任务，以及上一年预算执行情况和本年度收支预测总额。

2．预算编制的原则

（1）“量入为出、收支平衡”的原则。高校收支预算，应根据高校收入和财力情况安排支出，做到量力而行，一般不能编制赤字预算。

（2）统筹兼顾。

（3）“稳定”的原则。高校收支预算应积极稳妥，不应将上年非正常收入作为本年编制预算收入的依据。

3．预算编制的要求

（1）按部门的要求细化预算项目。高校预算是部门预算中的单位预算。单位预算涵盖单位的所有资金的收支，包括本级预算和下属单位预算、正常经费预算和专项经费预算。高校预算作为部门预算的组成部分，必须按照政府部门预算管理的精细化要求编制本单位预算，预算必须包含具体项目和使用单位。

内部的预算，应按预算标准和具体项目将预算支出分配到学院或部门，没有具体项目和责任单位的预算，不是细化预算。但在细化预算过程中，不是越细越好，选择项目要以便于执行和控制为准。细化预算不仅体现了客观、公正、公开的特点，而且没有中间环节，能提高预算的效率。

（2）支出预算应一次性分配到位。内部支出预算应一次分配给具体使用的二级学院或单位，不应切块给职能部门，然后再进行多次分配或以审批代替预算分配。预算多次分配容易产生漏洞，影响预算的绩效，因此支出预算要按项目明细一次性分配到位。

（3）建立预算的权威性。在预算编制过程中，要把预算经费与实现目标挂钩，使用经费的权利要与完成任务的职责相对应，按财权与事权相统一的原则分配预算。在预算安排上，要设定任务和应达到的目标；在专项预算经费使用的过程中，要跟踪检查预算执行情况；年终决算时，应对本年度预算执行情况和是否达到预定目标做一个分析总结，并在一定范围内公开，确立预算的权威性。在按“零基预算”方法编制内部分级预算时，如果只规定了使用经费的权利，没有设定完成任务的职责，则容易导致内部争夺经费，使预算难以达成一致，降低预算的效率。因此，建立预算的权威性，是提高预算效率的重要办法。

（4）预算安排和项目设置要科学。支出预算分基本支出预算、项目支出预算。不管是基本支出预算还是项目支出预算，一般以项目形式安排预算支出。如果内部预算项目设置能够达到避繁就简的目的，提高工作效率，并且同样的经费有同样的使用效果，这样的预算安排就是比较科学的。

（三）高校预算编制方法

根据编制范围可将预算分为综合预算和局部预算。综合预算是在编制部门预算时，将单位的财政拨款收入、预算外收入、事业收入、捐赠收入以及其他收入进行统治，以此来安排部门预算支出的一种预算管理方法。高校预算采用综合预算，用以全面反映高校及其所属单位的年度财务收支计划情况。

1．常用预算编制方法

预算常用的编制方法有固定预算法、弹性预算法、增减量预算法、零基预算法、基础预算法。固定预算法、弹性预算法、增减量预算法，在高校传统的预算中经常使用，但存在一些不足，不利于精细化管理。目前应用较多的是零基预算法、基础预算法。高校实际编制预算，是根据实际情况不同的项目采用不同的编制方法，或者多种方法混合编制。

2．高校部门预算编制方法

政府预算实行部门预算后，高校预算开始采用零基预算法编制预算，即“单位预算”按财政部门的要求采用零基预算法，根据高校全面预算的要求，采用综合零基预算法进行编制。单位预算侧重于财政支出预算，政策性很强，必须遵照财政补助标准和相关支出政策，按综合零基预算要求编报预算，凡是细化预算与财政拨款有关的，或是其他可见的收支，一般按支出项目预算。

3．高校内部分级预算编制方法

内部分级预算即内部预算分配，是高校根据事业发展需要编制的年度财务收支计划，收支总金额与单位预算一致，但侧重于学校内部二级学院或部门的经费支出分配，是学校内部各部门的支出细化预算。根据高校的实际情况，内部预算采用零基预算法和基础预算法编制。

（四）高校预算编制内容

高校预算是日常财务管理中组织收入和控制支出的依据。高校预算由收入预算和支出预算组成，实行“大收大支”的预算收支总额控制管理办法。因此，预算的主要内容就是收入预算和支出预算，预算编制内容为收入预算编制和支出预算编制。

1. 收入预算编制

收入预算是高校年度内通过各种形式和渠道能够获得的用于开展教学、科研等各项事业的全部资金的收入计划，主要有财政补助拨款收入预算、其他政府补助预算、教育事业收入预算、科研事业收入预算、捐赠收入及其他收入预算。由于实行财政收支两条线管理，事业收入必须缴交财政专户后再申请返拨。返拨款难以分清具体收入项目，大多以专户返拨收入来归集，但收入预算还是要按照明细收入来编制。

2. 支出预算编制

支出预算是高校年度内用于开展教学、科研等各项事业活动的全部支出计划，支出预算分总支出预算和项目明细预算。高校预算的重点是在收入既定的条件下，对支出总额进行分配，因此资金的投向是支出预算要解决的主要问题。

（五）高校预算编制程序

高校预算的编制，不管是部门预算中的单位预算还是内部分级预算，都要经过“二上二下”的程序，即自下而上、自上而下的过程。

1. 政府部门预算中单位预算编制程序

政府部门预算编制由财政部门和教育行政主管部门布置。财政部门通知预算编制的相关拨款政策和标准，以及其他有关事项；教育行政主管部门召集本部门所属的与财政部门存在拨款关系的高校和其他教育单位，布置下年度预算编制工作。

2. 高校内部分级预算编制程序

高校内部分级预算是由高校财务部门布置年度收支预算工作，公布预算编制要求和日常经费支出预算的定额标准、专项经费申报及其他相关事项说明。

（六）预算控制

现代高校财务管理，是通过信息化手段即计算机、互联网和财务软件来管理预算指标、控制预算支出的。

1．预算指标的控制

高校内部分级预算最终形成年度预算并下达文件后，必须将预算项目和金额指标录入高校财务信息管理系统。预算指标管理的重点是支出预算，根据预算项目和金额，将本年度所有支出预算项目及预算金额录入到财务管理信息系统中，作为年度支出指标控制数。在各项目实际支出时，系统会自动控制超过指标的支出以及投有预算项目的支出。通过计算机管理软件的自动控制，达到控制预算指标的目的。

2．预算使用范围的控制

在预算管理中还会涉及各预算项目的特定支出范围，比如人员经费预算只用于人员支出，公用支出预算只用于公用不得列支人员费用，这个问题可以通过计算机管理信息系统进行设置和控制，可以运用软件管理系统控制具体支出科目的列支范围。在预算项目实际支出时，如果超出设定科目，系统将自动阻止操作，以达到控制支出范围的目的。

3．执行过程

单位预算经财政部门批复后，除突发性事件和政策性因素可追加预算，其他支出项目一般不作追加，而是在编制下年度预算时加以考虑。

高校内部分级预算一旦通过审议确定，并按程序下达，就必须执行学校年度核算方案，不得超预算支出。但在预算执行中如遇特殊情况需要调整或因不可预料的事件必须追加支出的，应根据授权审批管理程序进行调整或追加。

第七章　高校财务战略管理研究

财务战略管理是现代财务管理的开拓性发展。对高校而言，财务战略管理是高校战略管理不可或缺的最重要的组成部分。构建以可持续发展为目标，以保持并不断增强高校长期竞争优势为核心的高校财务战略管理体系是高校财务管理的未来发展方向。

第一节　高校财务战略管理的基本理论

一、战略管理的含义及特点

（一）战略管理的含义

“战略”是军事领域上的词汇，虽然世界各国军事家对战略的定义有所不同，但是他们普遍都将战略视为一种指导全局的计划和策略。在辞海中，战略被定义为“依据敌对双方军事、政治、经济、地理等因素，照顾战争全局的各方面、各阶段之间的关系，规定军事力量的准备和运用”。

随着社会的发展，战略思想被应用到多个学科领域，战略的含义得到了极大的拓展，促成了许多新学科视角的出现，战略管理便是其中之一。20 世纪 80 年代以来，战略管理作为一种全新的视角在企业界得到了广泛应用，同时，战略管理理论也得到了极大的发展，并形成了相对完善的理论体系。不同的学者从不同的角度阐述他们对战略管理的理解，美国管理学会院士杰恩·巴尼（Jay B.Bamey）认为：“战略管理是通过分析企业的竞争环境以发现其威胁和机会的过程，通过分析其资源和能力以发现其竞争优势和劣势的过程，以及通过匹配上述两种分析以选择战略的过程。”

（二）战略管理的特点

1．长远性

组织战略着眼于组织未来的生存和发展，即战略管理更关注长远利益，而不是关注短期利益。因此，评价组织战略是否有助于实现组织的长期目标和保证长期利益的最大化是判断战略优劣的重要标准之一。这也是战略管理与一般战术或业务计划的最主要区别。具体而言，企业中如果一个项目预期短期内能赚些钱，但长期市场潜力不大，且无助于提高企业的核心竞争力，从战略管理的视角看，这样的项目就不应该建设。反之，若一个项目短期内可能造成亏损，但是长期市场潜力巨大，或代表了技术的未来发展方向，从战略管理的视角看，该项目就应该实施。战略管理的长远性要求组织根据组织外部环境和组织内部条件的变化，对关于组织生存的战略问题进行长远规划。

2．竞争性

市场经济环境下，竞争无处不在，组织制定战略的重要目的之一就是在激烈的市场竞争中与对手抗衡，在争夺市场和资源的竞争中取得胜利。因此，战略管理本质上是一种竞争战略的制定和实施过程，它不同于那些不考虑竞争因素，只是为了改善组织现状、提高管理水平而制定和实施行动方案的选择，这也是组织战略管理在市场经济环境下产生和不断发展的原因。

3．层次性

虽然组织类型、规模、结构各不相同，但其进行战略管理的基本层次是一致的。一般来说，对于较大规模的组织，战略管理可以分为三个层次：①总体战略或组织战略，主要包括稳定战略、发展战略、紧缩战略等全局性的管理战略；②竞争战略，主要研究不同行业经营战略等方面的选择，主要涉及如何在选定的领域与对手进行有效的竞争：③职能战略，主要包括财务战略、生产战略、研发战略、营销战略等。

在实际工作中，组织的不同层次战略的侧重点和范围不同，高层次战略变动总会波及低层次战略，低层次战略的影响范围则比较小，特别是职能战略一般在部门范围内即可解决。

4．全局性

组织战略管理是从全局出发、适应组织长远发展需要而进行的管理活动。它所规定的是组织的总体行动，它所追求的是组织的总体效果，它是指导组织一切活动的总谋划。虽然组织战略管理也包含和规定着组织的某些局部活动，但在战略管理中，这些局部活动是以总体活动的组成部分出现的。因此，把握战略管理的全局性要注意处理好局部利益和整体利益的关系，做出正确的战略部署。同时，全局性还要求组织战略必须与国家的社会经济发展战略相一致，要与世界经济技术发展方向相一致。

二、财务战略管理的含义及特点

（一）财务战略管理的含义

财务战略是为谋求组织资金均衡有效地流动和实现组织战略，为增强组织财务竞争优势，在分析组织内、外部环境因素对资金流动影响的基础上，对组织资金流动进行全局性、长期性和创造性的谋划，并确保其执行的过程。财务战略管理立足于组织的长期发展，是保持并不断增强组织长期竞争优势的决策支持管理体系。当组织中的管理从业务层次向战略层次转变时，战略财务管理便成为组织中财务管理的必然趋势。

（二）财务战略管理的特点

财务战略管理是战略理论在财务管理方面的应用与延伸，它不仅体现了“战略”共性，而且勾画出了“财务”个性。财务战略管理具有以下特征。

1．以财务战略目标为导向

成功的战略只有在明确的目标指导下才能实现。财务战略目标为组织战略目标服务，指明了财务战略管理的总体方向，明确了财务战略管理的具体行为准则，在整个财务战略系统中处于主导地位。

财务战略管理目标的设定必须服从组织战略管理的要求，与组织战略协调一致，从财务上支持和促进组织战略的实施。

2．以组织竞争力为核心

在经济实践中，组织竞争力受到诸多因素的影响。经济资源和财务资源是组织发展的必要资源，但仅仅拥有一定的资源并不能完全保证形成组织的竞争力。以组织竞争力为核心的财务战略明确了财务战略的直接目标，同时也为财务战略决策提供了选择标准，为财务战略管理行为提供了导向。同时，组织竞争力也需要科学的财务战略来创造、培育和发展，从而保持长久的竞争优势。

3．战略成本管理是提升组织竞争力的主要参数

成本是决定竞争力的重要因素之一，所以战略成本管理是财务战略管理研究中的重要问题。在激烈的市场竞争和急剧变化的市场环境下，向战略成

本管理要效益，已成为组织获得和保持竞争优势的关键。

战略成本管理实质上就是将成本置于战略管理的高度，将其与影响战略的其他要素结合，对组织成本进行全面分析与控制，以寻求成本改进，并获得竞争优势的战略成本管理过程。在以竞争力为核心的财务战略管理中，战略成本管理是组织竞争力和财务战略管理的联结。

4．以财务战略决策的选择、实施、控制、评价为内容

财务战略决策决定着组织财务资源的配置。财务战略决策的选择、实施、控制和评价应当从全局角度出发，注重整体性，符合组织的总体战略，同时还要协调部门间的配合，减少内部职能失调，与其他职能战略相适应。

5．理财环境因素对财务战略管理有重要影响

财务战略管理是面向未来的管理，它不仅关注某一特定时点的环境特征，更关心环境的动态变化趋势；不仅需要对政治、经济、文化、法律等宏观环境的综合分析，还要对产业、竞争者、财务状况等组织内部因素进行微观环境分析，并且要处理好环境的多变与财务战略的相对稳定之间的关系。

财务战略管理关注组织的长远、整体的发展，重视组织在市场竞争中的地位，它以实现长期可持续发展、打造核心竞争力为目标。对财务战略的制定、实施、控制和评价必须在综合考虑内外部各种环境因素的基础上进行。

三、高校财务战略管理的特征

高校财务战略管理在利益群体、产品与服务模式、价值观念等方面与其他组织财务战略管理存在较大的差异。高校财务战略管理主要体现出如下特征。

（一）公共性

高校具有公共性，承担着国家发展教育和科技的重要职责，并接受公众的监督，而且其接受公众监督的程度与公共性成正比。比如分别隶属于教育部、各部委以及地方的各类高校所接受的监督就有很大不同。因此，高校在制订其财务战略规划时，在考虑自身办学条件和特色的同时，还要考虑满足国家和地区建设与发展的需要，并且应符合国际高等教育发展和科学技术进步的潮流与趋势。为了确定未来的发展战略，高校要通盘考虑全部利益相关者的诉求，这一点与其他组织明显不同。

（二）更多的环境制约

影响高校发展的环境因素包括市场环境因素和政治环境因素。与企业主

要依靠市场获取资源不同，高校主要依靠政府管理部门（如拨款），或依靠其自身提供的服务补偿（如学费）来获取各种资源。因此，虽然高校财务战略管理也关注效率和效果，但是经营压力要小于企业。与企业相比，高校财务战略管理要面对更多的制约，各种法律、法规、制度、章程规定的义务与责任减少了高校的自主性和灵活性，导致高校在如专业设置、招生规模等问题上不仅受到市场的制约，更受限于政府的规定，从而影响其财务战略管理决策。

（三）内部运作方式不同

高校在预算编制、绩效评价和人员激励机制等方面都与企业有较大的不同。首先，高校的组织目标较笼统，不容易把握，如“国内知名”“学科领先”。高校一般采用多目标战略，包括教育、科研、服务等，这些内容不容易量化，且具有动态性和相对性。其次，高校的绩效标准也不像企业那样明确，对高校绩效的成功很难判断，同样也难以界定其失败。这些导致高校财务战略管理所采用的管理手段与企业相比有很大的不同。

第二节 我国高校实施财务战略管理的背景

当前，我国高校面临着前所未有的机遇和挑战。作为一个为社会提供知识和培养劳动者的组织，高校市场化运行的趋势越来越明显，正如美国高等教育思想家克拉克·科尔所说：“生存之路现在导向了市场，一场新的学术革命已经来临。”在这场变革中，我国高校的办学自主权逐步落实，资金来源日趋多元化，高校间的竞争不断加剧，市场经济正深刻地影响着高校的运行。提高高校的财务管理水平，实现资源的有效配置已成为高校未来发展的基本战略。转变传统财务管理观念，实施财务战略管理，将成为各高校应对冲击的必然选择。

一、社会经济环境变化对高校传统财务管理的影响

随着社会经济环境的不断市场化、大众化和国际化，我国高校的生存环境与以前相比发生了根本性的变化，从外部环境获取资源的竞争压力影响着高校管理体制的变化，其中也包括财务管理体制。很多高校发现，高等教育

正处于一个分水岭，学术界以前不关心的大量问题，现在不仅成了每天的现实，而且还威胁着它们的生存，如变化、竞争、有效回应学校利益相关者以及其他很多问题。变革力量已经存在，现在是高校决定如何应对这些挑战的时候了。

社会经济环境的变化使得高校赖以生存的社会经济坐标已然改换构架，计划手段让位于市场调节，行政命令让位于价值交换。面向市场已成为高校适应社会经济环境的必然选择。高校正在为生存而奋斗，而社会经济环境中影响其生存的某些重要因素极大地影响着高校的决策和变革。战略规划是最有希望帮助高校有效进行管理变革的方法，所以高校未来采用财务战略管理的理念、手段和方法是其适应所在社会经济环境的必然选择。

二、高校办学理念更新对高校传统财务管理的影响

经济基础决定上层建筑，随着社会经济环境的变化，高校的办学理念也必然发生变化。高校办学理念的一个重要变化就是由“福利教育”向“有偿教育”的转变。过去高校办学主要依靠国家，办学经费主要来源于政府财政拨款。在这种情况下高校的经济活动只是简单的资金运动，财务工作也比较简单，主要是核算，在有关财务管理制度的规定下按预算的项目、内容审核报销。随着社会经济环境的变化，高校开始面向市场，高校的办学理念从“教育福利”向“教育有偿”转变，这种理念的变化给高校的各项活动带来很大的影响。从财务角度看，筹资渠道更加多元化，除政府财政拨款，其他方式流入资金逐渐增加；资金运动由过去的单纯教育资金，发展成以教育资金为主，以其他生产、经营资金为辅的资金运动形式；财务核算对象也由简单的资金流量核算向资金、资产和资本的全过程核算转化。在“教育有偿”的办学理念下，政府作为投资者更加重视教育拨款的效益，更重视各所高校的教育成本差异；同时各高校也更加重视提高资金使用效率，合理配置资源，提高教育资本回报率，在保证社会效益的前提下，努力提高经济效益，增强学校竞争力，实现可持续发展。

高校办学理念的另一个重要变化是由“精英教育”向“大众教育”的转变。随着“大众教育”理念的不断深入，我国高等教育进入规模迅速扩张期，高等教育规模持续扩大，各高校都不同程度地扩张，高校教育品种逐渐增加，民众在高等教育上有了更多的高质量的选择。同时，各类别、各层次高校从

名牌大学、重点大学到省属普通本科，再到民营高校、高职高专等都在师资、生源、学生就业和科研成果等方面面临着严峻的竞争和挑战，不仅要与同层次的高校竞争，还要与不同层次的高校竞争，以及与国外的高校竞争。当前高校间的竞争已从潜在转为现实、从隐蔽转为公开，且有愈演愈烈之势。高校规模的扩大和竞争的加剧必然会加大高校对教育经费的需求，在政府财政投入难以大幅增长的情况下，高校发展将更加注重质量建设，注重内涵打造。财务管理作为高校管理的中心环节要合理融资，有效投资，开源节流，充分发挥资金使用效益，积极应对这种变化。

三、高等教育体制改革对高校传统财务管理的影响

计划经济体制时期，我国高等教育实行国家集中计划，中央、部门和地方政府分别办学并直接管理的高等教育体制。这种高等教育体制对于加强国家对高校的集中统一领导，保证人才培养质量，发挥了积极的作用。但此阶段高校的一切均由政府负责，表现为高校在管理上由政府统一领导，经费上由政府统一拨付，招生上由政府制订计划，毕业生由政府负责分配。这种政府一管到底的高校管理体制，“统得太死，管得太细，政策上一刀切，分配上大锅饭，责、权、利难以统一”，导致高校丧失办学自主权和积极性。

1992年起，按照“共建、调整、合并、合作”的方针，经过近二十多年的高等教育管理体制的改革，我国从根本上改变了部门办学的高等教育管理体制，原来计划经济体制下形成的高等教育布局结构也发生了历史性变化，形成了中央和省两级政府管理，以省级政府为主的新高等教育体制，为未来高等教育的更好发展奠定了基础。目前我国高等教育正在由原来的政府直接管理的办学模式，向在政府宏观管理指导下，学校面向社会自主办学的模式过渡。各级教育主管部门正在不断转变职能，简政放权，逐渐减少对高等教育的行政直接干预，政府正在建立通过政策法律、经济、服务和监督等手段市场化管理高校的良性运行机制。高校法人实体地位的确立，使高校在发展中增加了很大的自主权，高校办学模式也随之转变，这对高校未来各项工作的开展产生了深远的影响。

由于高校财务环境发生了巨大的变化，财务管理在高校中的地位和作用显得越来越重要，财务管理的难度也越来越大，对财务管理的要求也必然更加严格。这些都意味着高校财务管理在工作上与之前相比应做出重大的改革

和调整，建立与不断发展的市场经济环境相适应的高校财务管理模式是实现高校可持续发展的必然选择。

四、高校教育经费来源变化对高校传统财务管理的影响

随着高校办学主体、模式的改变，高校教育经费来源渠道已由过去的单一政府拨款，向以政府拨款为主，以学生的缴费收入、学校的产业收入、技术服务收入、其他非学历教育及技术培训收入、单位和个人捐赠收入等为辅的多渠道、多元型筹措方式转化。在高校全部教育经费中，个人缴费和学校创收等非财政来源经费的所占比例大幅提高，政府拨款比例逐年下降。高校经济利益主体的变化及多元化筹资格局的形成，对高校财务管理产生了重要影响：一方面，高校要建立健全校内各级经济责任制，完善财务管理，充分调动各个经济活动主体的积极性，并考虑其责权利的结合；另一方面，在财务风险增加的情况下又必须加强对财务风险的计量和控制，改革高校现有的财务管理模式以适应变化。

五、信息技术发展对高校传统财务管理的影响

以计算机性能的提高、数据仓库技术的应用与网络技术发展为代表的信息技术的发展与普及，正影响且已经渗透到高校管理的各个环节，作为管理核心内容之一的财务管理也不例外。信息技术带给高校财务管理的变化集中表现在两个方面：一方面是信息化背景下，高校财务管理面临的环境发生了变革，高校管理面临的需求，需要解决的问题以及解决问题的条件、方法都随之改变，且与之相适应的高校财务管理的内容、方法等也必须做出相应的调整：另一方面，信息技术的广泛应用，为高校财务管理提供了新的解决途径，扩展了高校财务管理的手段。

信息技术扩展了高校财务管理的范畴，网上银行，特别是电子货币的出现极大地扩展了资金的概念。此外，网络无形资产、虚拟资产的出现，也同时扩展了现金的转化形式。网络环境下，现金及相关资产流转速度的加快，导致了风险的加剧，因此必须有合理的控制系统来保证高校现金资产的安全以及合理的配置。

信息技术强化了高校财务管理的决策、控制等基本职能。在信息技术条件下，财务决策面临的环境发生了深刻的变化，决策活动由感性决策向科学

化决策转变；财务控制的范围扩展到高校的各个层面；信息技术的广泛应用派生出财务管理的财务协调和财务沟通职能；更多、更先进的方法被应用到高校财务管理活动中来，如多元统计学方法、计量经济学方法、运筹学方法，甚至包括人工智能、图论的一些方法，定性分析已向定量分析和定性分析相结合转变。

信息技术与高校管理的融合日趋紧密，高校财务管理在信息时代必须利用信息技术强化管理手段，提升管理水平。将信息技术与高校财务管理相融合，改进传统高校财务管理，已经成为一种必然。

第三节　高校实施财务战略管理的意义

随着社会的发展和时代的变迁，高校实施财务战略管理是高校财务管理工作的飞跃，也是高校向科学管理迈出的重要一步。财务战略管理实现了高校财务管理职能、空间上的扩展，未来高校的生存与发展、成功与失败，很大程度上取决于其财务战略管理质量的高低。

一、有利于创造和保持持续竞争优势

高校传统的财务管理以成本、费用的最小化和财务风险的控制为目标，并将这一目标贯穿到高校财务预算、决策和财务风险管理等财务管理活动中。财务战略管理以创造和保持高校的可持续竞争优势为目标，关注高校的未来发展，通过财务战略的选择，为高校在未来的竞争中击败对手提供科学依据。可以说，基于竞争力的高校财务战略管理，改变了传统财务管理的视角，将财务决策提升到战略的高度，同时也为高校在市场竞争中保持可持续的竞争优势提供了可行的战略选择。

实施财务战略管理要求高校关注当前的盈利状况，更要重视学校的长期发展、可持续发展能力、持续竞争优势。为使高校能够按照财务战略导向从事学校的运营和资源配置，高校领导应树立长期、全面的财务战略目标，抛开一时的得失，追求高校可持续发展情况下的最佳资源配置。

另外，实施财务战略管理除财务信息外，还利用非财务信息，改变了传

统财务管理中单一财务的业绩计量手段和模式，使高校能够根据财务战略的不同，制定不同的业绩评价标准，将业绩评价与战略管理有效结合。这样不仅有利于实现战略目标在高校内部由上至下的传递，而且有利于在业绩评价中实现结果与过程的统一，为促进高校竞争力的提升和竞争优势的持续奠定了基础。

二、符合日益复杂的竞争生存环境需要

传统财务管理是以高校内部为重点，基于财务信息，以货币为尺度进行的管理。传统财务管理重结果，却忽略过程，缺乏高校与其他竞争对手互动的分析和研究。财务战略管理则以高校的竞争优势为主，将视野拓展到了学校外部，关注整个高教市场和竞争对手的情况，不仅利用财务信息，而且利用有助于实现高校战略目标的非财务信息。在评价高校财务战略管理的业绩时，将高校竞争力以及竞争地位的提升作为重要的评价标准，帮助高校认清自己与其他高校之间的关系，进行准确的市场定位。

目前许多高校之所以资金周转不灵，财务状况恶化，甚至不能偿还到期债务，主要因为高校领导对高校生存环境的变化威胁认识不足，没能及时做出应变的财务战略决策。面对竞争多变的生存环境，高校领导必须从战略高度重新认识财务管理，以战略眼光开展财务管理工作，正确判断学校所处环境及变化趋势，把提高高校的适应力、应变力、竞争力放在首位。

有效的高校财务战略管理使高校在战略高度上把握未来发展，顺应环境变化，抓住有利的发展时机，提高高校的财务实力，保持可持续的竞争优势。高校要根据不同的战略目标、外部环境，拟定不同的高校财务战略，从而保证高校在竞争激烈的市场环境下，与时俱进，取得长足的发展。

三、可提高资产运营效率

高校传统财务管理体系围绕高校教学、科研活动执行相应的职能和任务，以各责任中心的费用预算为起点编制预算，其编制的预算往往与高校战略目标没有任何关联，资源配置和资产运营存在着低效率、低水平的缺陷。财务战略管理则围绕高校战略目标编制预算，以高校战略为预算编制的出发点，从战略的高度对高校各种资源和教学、科研活动进行预算和安排，预算所涉及的范围也不再局限于高校内部的教学、科研、行政、后勤等基本活动，而

是把人力资源管理、教学管理、科研管理等价值链活动纳入高校预算管理体系中，并在预算编制中综合考虑反映学生、其他高校和政府主管部门的其他战略性因素。

财务战略管理促使高校从战略高度实施财务管理，将高校财务管理引向高效、有序。对于高校如何筹措资金，如何保证高校长期资金的可靠性和灵活性，如何不断降低高校长期资金的成本，如何投资以获得经济利益和竞争优势，在高校环境风险增加的情况下，如何在筹资、投资等组成的综合性财务活动中规避风险等，这些问题都要求高校必须重视财务战略问题的研究，运用战略思想和方法，谋求低风险、低成本，资本结构最优，实现高校长期、稳定、可持续发展。因此，从战略高度统筹规划，增加融资渠道，节约办学成本，向战略管理要效率是高校在竞争中取胜的法宝。基于战略的资金流动，才是高效的资金流动；基于战略的资金增值，才是有意义的资金增值。财务战略管理是提高高校资产运营效率的关键。

第四节　高校实施财务战略管理的几点建议

目前，一些发达国家的高校财务管理已经进入了战略管理阶段，而我国绝大多数高校仍在实行传统的财务管理，从理论到实践都远远落后于发达国家。随着我国高等教育事业的不断发展以及市场经济环境的日趋复杂，高校也必将实现从传统财务管理向财务战略管理的转变。高校在实施财务战略管理的过程中应注意以下几个问题。

一、建立和完善现代高校治理结构

基于发展战略构建高校治理结构是高校实现战略目标的必然要求。从财务战略角度看，没有现代的高校治理结构，将导致严重的经济后果。当前高校的竞争战略是建立在现代的高校管理制度和高校治理结构基础上的，通过高校治理形成高校的“政治制度”，实现对高校相关利益各方冲突的协调和平衡。不同治理结构方式导致高校在教学科研、筹资投资以及监督机制等方面采取不同的决策方式，形成不同的制度。财务战略决策中，由于政府主管部门、高校领导的目标不同，高校治理的一个重要内容就是使高校领导的行为符合政府主管部门的要求。可以说，高校治理结构对财务战略决策有着重大的影响，是实施财务战略的制度基础。同时，这些财务战略决策又会反作用于高校治理结构，影响高校的治理效率。因此，高校财务战略管理与高校治理结构是紧密相连的。

任何财务战略管理决策都离不开特定的制度基础，每一所高校的财务战略都是在一定的高校治理结构条件下形成的。高校财务战略管理的实施，绝对离不开高校的治理结构。

二、重视高校财务环境分析

财务环境分析对高校财务战略管理具有重要的意义。从高校环境分析入手，确立高校财务目标，是高校财务战略管理的出发点和立足点。财务环境分析在财务战略管理中的重要地位，是由高校财务战略管理的性质和特点决定的。可以说，高校财务战略管理的全过程，是以高校外部财务环境及内部资源条件分析为基础，在财务战略管理目标统领下，对财务战略进行的决策、实施、控制和评价。正确的高校财务战略必须依赖于对内外部财务环境的正确分析和把握。

尽管在确立高校总体战略时已对环境进行了详尽分析，但由于在层次和视角上的不同，总体战略与财务战略有较大差异，所以在确立财务战略时，仍要进行环境分析，分析时主要强调环境及竞争态势中的财务方面。因此，在制定高校财务战略时，必须在总体战略的指导下，对财务环境做出分析，同时要着重分析一般环境、行业环境及竞争态势中有关财务的重要方面。在财务环境分析过程中，要着重分析宏观社会、经济领域可能影响到高校财务战略的各种因素及其变化，分析国内外行业竞争态势及演变趋势，掌握竞争对手的财务状况、财务战略。可行的财务战略只能是基于详尽财务环境分析而确定的财务战略。

如果高校财务环境发生变化或者产生突变的话，高校财务战略也必须做出相应的调整甚至重新确立。无论是高校总体战略还是财务战略，都必须基于环境变化做出正确的反应，否则会对高校发展产生严重的负面影响。当然，在强调环境对战略影响的同时也必须明确，并不是说环境变化战略必须马上随之变化，那么这种多变的战略就不是战略，而是战术了。战略之所以是战略，正是由于它的前瞻性，即建立在科学、精准的预见基础上的。所以，高校确定的财务战略既要有良好的预见性，又要能很好地对意外事件做出反应，这些都要以对财务环境的客观分析为基础。

三、在高校总体战略下科学确定财务战略

高校财务战略只是全面支持高校总体战略的子战略之一，必须在高校总体战略的指导下科学确定。高校的总体战略目标决定了财务战略目标，脱离总体战略目标设立的财务战略是没有存在价值的，也只有将其纳入高校战略的大系统，才能显出其意义。财务战略作为高校功能性子战略之一，不仅为高校总体战略目标的实现提供资金上的保证，也为高校各战略的实现提供财务技术上的支持。

同时，高校财务战略管理具有相对独立性，它既有战略管理的共性，又有财务管理的特性。在战略管理的大环境下，财务活动绝对不仅是高校财务部门的“局部”业务活动，也是对高校战略目标实现和高校可持续发展有着重大影响的业务单元；财务战略管理不只是高校日常管理活动中附属的职能，而是有着不同于其他职能战略的具体管理内容的综合管理活动。可以说，只有在高校总体战略的指导下科学地进行财务战略管理，才能让高校财务战略更好地为高校发展保驾护航，实现高校总体战略目标。

四、重视财务战略与其他职能战略的协调

高校财务战略作为高校竞争战略的子战略之一，除了从属于总体战略，还要受其他诸如教学发展战略、科研发展战略、学科提升战略的影响。因此，在确定高校财务战略时要重视职能战略之间的相互制约和相互支持。高校资源在全校范围内运动，要达到资源配置的均衡有效，财务战略必然需要其他职能战略的配合。实现财务战略与其他职能战略的配合可以采用以下两种方法：①设立高校战略协调委员会，负责对各职能战略开发提供指导。委员会应由来自各职能部门的代表组成，以有助于各职能部门间的有效沟通，调动其积极性和创造性，促进战略实施。②由校长或一名副校长负责各职能战略间的相互协调。由校长或副校长进行协调，其权威性强，有利于战略的有效实施，但是有可能挫伤各职能部门管理人员的积极性和创造性，并导致战略管理官僚化。

其他各职能战略与财务战略的关联度存在差异，高校必须重视协调与财务战略关系密切的职能战略，在战略协调方面关心真正重要的问题，保证财务战略有效执行。

五、合理配置财务资源

高校财务战略的实现需要以合理的财务资源配置作保证，同时，合理配置财务资源也是高校财务战略的一个目标。高校财务资源配置主要涉及高校融资中的资源配置和高校投资中的资源配置，即对资金来源的组合和对资源使用的安排。高校财务资源配置是高校投融资的组合，是高校资本结构的组合和安排。选择适当的融资方式以实现高校最优资本结构是高校融资财务资源配置的基本原则。选择合理的投资机会、安排适宜的投资方向和投资规模以利于高校的长远发展是高校投资资源配置的基本原则。

高校财务资源配置效率取决于不同环境下财务资源配置的合理性。不同的高校财务战略对高校的资源配置有不同的影响，在某一财务战略下，非常科学的财务资源配置对另一财务战略来说可能是十分错误的，或者对某一财务战略来说，非常重要的财务资源配置，在另一财务战略下则可能是无关紧要的。合理的财务资源配置，将提高高校财务资源的使用效率，为高校提高竞争力，实现可持续发展提供必要的物质准备。

六、加强高校战略成本管理

为了实现和维持高校的竞争优势，高校领导必须审视高校内部资金流动过程，加强高校战略成本管理，形成一套不断改善和提高高校价值链中作业价值的战略成本管理方法。在高校战略成本管理中首先要丰富高校成本管理的内涵，以高校教学、科研等活动的作业链为中介，对费用的发生进行控制；其次，要明确高校战略成本管理的长远目标，高校战略成本管理是为了高校获得未来长期的竞争优势，而不是以短期成本的高低为判断标准的；最后，要突出高校战略成本管理的全面性，即不是站在高校某项管理的单一角度谈成本控制，而是在对高等教育整体和其他高校分析的基础上，以高校全局为对象的成本管理。

参考文献

[1]许志强.高校财务管理存在问题及改进措施[J].财经界（学术版），2015（09）.

[2]杨昭容.探讨当前高校财务管理中存在的问题及对策[J].会计师，2015（04）.

[3]王迪，牟瑶.高校财务管理存在的问题、原因与解决对策[J].现代商业，2015（07）.